LA CIENCIA DEL LOGRO PERSONAL

Libros de Napoleon Hill
por la Fundación Napoleon Hill

Piense y hágase rico

A Lifetime of Riches

A Treasury of Success—Unlimited

Freedom From Your Fears

Lessons on Success

Andrew Carnegie's Mental Dynamite

*Napoleon Hill's First Editions on
Mastering Personal and Professional Success*

La ciencia del logro personal

LA CIENCIA DEL LOGRO PERSONAL

NAPOLEON HILL

FUNDACIÓN NAPOLEON HILL

Publicado y Distribuido por:

SOUND WISDOM

PO Box 310

Shippensburg, PA 17257-0310

717-530-2122

info@soundwisdom.com

www.soundwisdom.com

ISBN 13: 978-1-64095-413-7

Ebook: 978-1-64095-414-4

For Worldwide Distribution, Printed in the USA

1 2 3 4 5 6 / 27 26 25 24

CONTENIDO

PREFACIO

El libro de Napoleon Hill *Piense y hágase rico* ha vendido más de ochenta millones de ejemplares desde su publicación inicial en 1937. Los principios y las perspectivas de Hill, compartidos contigo en este libro, *La ciencia del logro personal*, han sido probados por millones de personas por todo el mundo, quienes han comprobado el éxito de los mismos.

Esta es la historia de trasfondo: Andrew Carnegie, uno de los hombres más ricos de los Estados Unidos, quería que su éxito estuviera al alcance de las personas que no tenían el tiempo para investigar cómo otros ganaban su dinero. A la edad de doce, él había trabajado como canillero en una fábrica de algodón, ganando $1.20 USD por semana, y a la edad de sesenta y seis, vendió su compañía de acero por $480 millones USD, lo cual sería el equivalente de alrededor de $309 mil millones USD hoy día.[1]

Carnegie identificó varios principios que él creía que eran responsables de su éxito, y le pidió a Napoleon Hill, en aquel entonces un "reportero montañero", que dedicara veinte años de su vida para probar la validez de estos principios al estudiar los logros de varios individuos en una diversidad de carreras e industrias. El resultado, según su visión, sería una fórmula para el logro personal que cualquier persona podría seguir para obtener su visión del éxito. Carnegie creía que esta fórmula se debía enseñar en todas las escuelas públicas y universidades. Él mantenía que revolucionaría todo el sistema educacional y que reduciría el tiempo que uno pasaba en la escuela por más de la mitad.

La información que Napoleon Hill reunió al estudiar los caminos al éxito de más de quinientos de los más grandes empresarios, innovadores y líderes se comparten en este libro, *La ciencia del logro personal*. Te darán una idea excelente de lo que eres capaz... si es que sabes qué es lo que quieres. Se usa la palabra "riquezas" a través de este libro en su sentido más amplio, lo cual significa riquezas financieras, espirituales, mentales y materiales.

Este libro se la recopilado de una variedad de grabaciones y emisiones de radio en vivo dados hace muchos años por Napoleon Hill. Las estrategias que relata son tan claras y válidas hoy como lo fueron cuando las compartió por primera vez; un hecho comprobado por el hecho de que muchos conferencistas y autores las han repetido. Descubrirías lo que bien puede haber sido uno de los primeros vínculos entre el pensamiento y la acción y cómo puedes beneficiarte de ello.

Cada capítulo presenta uno de los principios de éxito del doctor Hill, los cuales se van consolidando medida que lees. Él explica claramente por qué y cómo cada paso ha funcionado en cada generación para ayudar a las personas a pensar, lograr y hacerse rico.

DESEO ARDIENTE

Los mayores logros fueron, al principio, nada más que sueños en las mentes de personas que sabían que los sueños son las plántulas de todos los logros. Un deseo ardiente de ser y hacer es el punto de inicio desde donde el soñador debe empezar.

Se dedicaron más de veinte años a entrevistar a las personas mejor conocidas y más exitosas de Norteamérica, incluyendo a W. Clement Stone; Alexander Graham Bell; William H. Taft, un ex presidente de los Estados Unidos; John Wanamaker, el rey de los mercaderes de Filadelfia; Woodrow Wilson, un ex presidente de los Estados Unidos; Harvey Firestone; el Dr. Frank Crane; F. W. Woolworth; y Theodore Roosevelt, un ex presidente de los Estados Unidos.

En *La ciencia del logro personal*, recibirás los medios para encender el fuego del deseo ardiente en tu vida. Los diecisiete principios universales del éxito que se explican en este libro son un compendio de las técnicas utilizadas por las personas más sobresalientes del mundo. Ellos aprendieron estos métodos a base del ensayo y error. Aquí puedes aprenderlos de alguien que los investigó y organizó bajo la dirección del magnate del acero Andrew Carnegie.

Los diecisiete principios se enumeran en un orden específico. Lo bello de esto es que, después de que hayas leído todo el libro, puedes entonces elegir los principios en los cuales enfocarte, dependiendo de tus necesidades actuales.

• • •

Nací en las montañas de Virginia, famosas por tres cosas: víboras de cascabel, la bebida Mountain Dew y los agentes de recaudación. Nunca tuve un par de zapatos hasta los diez años. Nunca vi un tren de ferrocarril hasta los doce años. Más tarde descubrí por qué mi padre me puso Napoleon. Cuando nací, tenía un tío abuelo, en Memphis, Tennessee, llamado Napoleon Hill. Él ya falleció, pero fue un corredor de algodón multimillonario.

Creo que si me detuviera aquí, sabrías por qué mi padre me puso Napoleon. Esperábamos que me dejara algo de su dinero por llevar su nombre, pero cuando se leyó el testamento, cuando yo tenía catorce años, dejó totalmente excluida a toda la rama de los Hill a la cual yo pertenecía. Y creo que ese fue el mayor favor que alguien me ha hecho en la vida, porque sé lo que les pasó a los que sí recibieron el dinero. Pregúntame, por favor "¿Qué?"

¿Qué?

Nada.

Así que yo, al no tener herencia, tuve que ponerme a trabajar y aprendí a ganar mi propio dinero.

La siguiente cosa mejor que me ocurrió en la vida fue cuando Andrew Carnegie me asignó dedicar veinte años a la creación de esta filosofía. Una de sus condiciones fue que me ganara mi propio sustento durante este tiempo, sin ninguna subvención por su parte. Quiero decirte ahora mismo que pensé que aquello era un desastre, pero fue otra bendición que llegó a mi vida. Al tener que ganarme mi propio sustento, pronto aprendí a hacerlo. Y mucho antes de que el Sr. Carnegie muriera, ya no lo necesitaba, ni financieramente ni de ninguna otra forma. Podía ganarme mi propio sustento. Carnegie fue muy inteligente al lanzarme así por mi propia cuenta. Quería que aprendiera a aplicar esta filosofía sobre la marcha, para que funcionara para mí mismo.

Y me dijo: "Un filósofo del éxito que vive apiñado sin dinero y con los zapatos sin lustrar y con necesidad de afeitarse no es un buen ejemplo de alguien que quiere vender el éxito. Si quieres tener éxito ayudando a otras personas a tener éxito, demuestra que puedes hacer que tu propia filosofía funcione", y creo que lo he hecho de forma bastante adecuada y a todos los niveles. Permíteme que te cuente la historia de cómo llegué a conocer a Andrew Carnegie.

· · ·

En primer lugar, cuando yo era adolescente, quería ir a la universidad, pero no tenía dinero. Así que me puse de acuerdo con el Tazewell Business College de que me permitieran trabajar para cubrir los gastos de los estudios, e hice un curso de secretariado. Cuando terminé, miré a mi alrededor y tuve una inspiración que ha tenido un gran alcance y ha afectado a millones de personas... y afectará a millones de personas, algunas de las cuales aún no han nacido. Hice algo que nunca se había hecho antes ni después, que yo sepa, para asegurarme de que yo trabajaría para el hombre que eligiera.

Yo reconocía que si elegía a un hombre muy exitoso, muy próspero, muy rico, y podía trabajar para él en estrecho contacto como secretario, me apropiaría de todos sus amigos y de gran parte de sus conocimientos, y eso tendría un valor estupendo para mí.

Finalmente elegí al general Rufus A. Ayers, de Virginia. Era propietario de un ferrocarril, una cadena de bancos, una cadena de aserraderos, una cadena de minas de carbón y, además, era

miembro directivo de uno de los bufetes de abogados más importantes del estado de Virginia. Decidí que el general Ayers iba a
tener la gran fortuna de darme mi primer empleo, y así fue cómo
le di la noticia: le escribí una carta en la que le decía:

Estimado General Ayers,

*Acabo de terminar un curso de secretariado en el
Tazewell Business College, y sé que le alegrará saber
que lo he elegido para ser mi primer empleador. Estoy
dispuesto a trabajar para usted bajo las siguientes
condiciones:*

*Trabajaré los tres primeros meses y le pagaré un
salario de la cantidad que usted me indique cada mes por
ese privilegio, con el entendimiento de que si al final de
esos tres meses usted desea continuar con mis servicios,
me pagará ese mismo salario. Pero mientras tanto, me
permitirá aplazar el pago de lo que le deberé y podrá
descontarlo de lo que usted me deberá si continúa con mis
servicios.*

Sinceramente,
Napoleon Hill

Me imagino que eso lo puso en un aprieto, ¿verdad?

No me respondió a la carta. Llamó a mi padre por teléfono
y le dijo: "Quiero que me envíes a ese chico. Quiero verlo". No
dijo nada acerca de contratarme. Fui a su enorme despacho de
abogados. Se levantó de su escritorio y dio tres o cuatro vueltas a
mi alrededor, sin abrir la boca.

Luego volvió a sentarse en su mesa y dijo: —Solo quiero
hacerte una pregunta. ¿Escribiste tú mismo esa carta? ¿O alguien
te dijo lo que tenías que escribir?

Le dije: —General Ayers, esa carta la escribí yo mismo, y dije
en serio cada palabra.

Me dijo: —Eso es justo lo que pensé después de echarte un vistazo, e irás a trabajar mañana por la mañana en el departamento secretarial con el salario inicial normal.

En aquella época, ¡el "salario inicial normal" era de unos fabulosos ¡50 dólares al mes!

Más tarde, cuando mi hermano y yo nos matriculamos en la Facultad de Derecho de la Universidad de Georgetown con la intención de llegar a ser abogados, miré a mi alrededor e hice un contrato con una revista para escribir historias sobre hombres exitosos. Mientras tanto, me había hecho periodista, un reportero novato, y ya para entonces escribía bastante bien.

Afortunadamente, me asignaron a Andrew Carnegie, el hombre más rico del mundo en aquella época y conocido en todo el mundo por ser el mejor seleccionador de hombres. Así es cómo alcanzó el éxito: supo rodearse de aliados de Mente Maestra que podían hacer las cosas que él necesitaba que se hicieran. Y nadie, créeme, nadie supera la mediocridad si no aprende a usar los cerebros de otras personas y, a veces, también el dinero de otras personas. Lo llamamos COP y DOP: "los cerebros de otras personas" y "el dinero de otras personas". Y hace falta una combinación de ambos, créeme.

. . . .

Nadie supera la mediocridad si no aprende a usar los cerebros de otras personas y, a veces, el dinero de otras personas.

. . . .

Andrew Carnegie me concedió tres horas; y cuando se acabaron las tres horas, me dijo: "Esta entrevista acaba de empezar. Ven a casa y la retomaremos después de cenar". Me dio tanto gusto que me invitara a su casa. Si me hubiera dicho: "Vete al hotel y vuelve mañana por la mañana", me hubiera arruinado, porque apenas tenía suficiente dinero en el bolsillo para cubrir el viaje de regreso a Washington.

• • •

Después de cenar, fuimos a la biblioteca y me dio una de las charlas de ventas más duras que he tenido o escuchado en toda mi vida: sobre la necesidad de una nueva filosofía que conservara y transmitiera a las generaciones venideras la suma total de lo que hombres como él habían aprendido durante toda una vida con el método de ensayo y error. Dijo que uno de los pecados a través de las edades era que estos conocimientos, adquiridos a un precio tan alto por tantos hombres, quedaran enterrados con sus huesos al morir, que nadie los hubiera organizado en una filosofía y puesto a disposición de la gente ordinaria.

Me preguntaba por qué el Sr. Carnegie perdía el tiempo con un reportero novato como yo, dándome una charla de ventas como esa. Estaba muy por encima de mi capacidad en aquel tiempo. Sin embargo, sentí curiosidad y mantuve los oídos abiertos y la boca cerrada.

Mientras tanto, me contó lo que esta filosofía haría por la persona que la organizara, lo que haría por las generaciones venideras, como beneficiaría a las personas que aún no habían nacido, y luego dijo: "Ahora bien, llevo unos tres días hablándote de esta nueva filosofía. Te he contado todo lo que sé sobre ella, sobre sus posibilidades y sus potenciales. Quiero hacerte una pregunta a la que, por favor, responderás con un simple "sí" o "no", pero no respondas hasta que decidas cuál de las dos opciones es. Si te comisiono a ser el autor de esta filosofía, y te doy cartas de presentación a las personas cuya ayuda necesitas, ¿estás dispuesto a dedicar veinte años a la investigación, porque más o menos es el tiempo que te llevará, ganándote tu sostén por tu propia cuenta sobre la marcha sin ninguna subvención por mi parte? ¿Sí o no?"

Sí o No

¿Qué habrías hecho si hubieras estado sentado delante del hombre más rico del mundo, con apenas el dinero suficiente en el bolsillo para cubrir el viaje de vuelta a casa, quien recién te había propuesto ir a trabajar durante veinte años sin compensación ni compasión? ¿Qué habrías dicho? Bueno, lo que tienes en mente ahora mismo es lo que yo también tenía en mente. Sabía muy bien que no podía hacerlo.

¿No es extraño? Cuando pones ante una persona una oportunidad extraordinaria, una nueva oportunidad, las probabilidades son de mil a una de que su mente salte inmediatamente a la parte de "no puedo hacerlo", al lado negativo. Pensamos en todas las razones del mundo por las que no podemos hacerlo. A mí se me ocurren unas tres al instante.

En primer lugar, no tenía dinero suficiente para sostenerme durante veinte años. En segundo lugar, no tenía suficiente educación para tratar con los hombres de éxito con los que tendría que tratar en todos los Estados Unidos e incluso en otros países. Y en tercer lugar —y esto era el más serio de todos—, no estaba totalmente seguro del significado de la palabra *filosofía* que el Sr. Carnegie había estado soltando durante tres días y tres noches.

Así que puedes imaginarte cuán fantástica era esa pregunta. Un joven con muy poca educación sentado frente a este gran hombre que le había ofrecido una oportunidad como nunca se le había presentado a ningún otro autor en ningún momento de la civilización humana. Ningún autor, hasta donde yo sepa, ha contado jamás con la cooperación y la colaboración de más de quinientos hombres sobresalientes para ayudar a crear una filosofía de logros hasta entonces no revelada ni identificada de ningún tipo. Esa era la clase de oportunidad que se me presentaba.

Y aquí hay un aspecto importante de esta propuesta del que quiero llamar tu atención: Yo no lo sabía en aquel momento, pero me enteré de ello más tarde. Después de informarme durante tres días y tres noches sobre el potencial de esta filosofía, acerca de cómo podría organizarse y sobre lo que haría, el Sr. Carnegie decidió que, cuando me planteara la pregunta, solo me daría sesenta segundos para decir "sí" o "no": sesenta segundos, nada más. Yo no lo vi, pero él estaba sentado con un cronómetro detrás de su mesa, contando el tiempo. Tardé exactamente veintinueve segundos en decidirme a aceptar. Había treinta y un segundos entre yo y una oportunidad como nunca se le había presentado a otro autor. Nunca he sabido de ningún autor en ningún campo que haya recibido tanta ayuda, tanta dirección sin dinero y sin precio.

Destino

Yo estaba listo para regresar a Washington, pero entonces el Sr. Carnegie dijo: "Si no sacas nada de tu viaje, salvo lo que estoy a punto de decirte, bien puede cambiar todo tu destino y, a través de ti, el destino de muchas otras personas. Napoleon, veinte años es mucho tiempo. Te he encomendado una misión muy difícil y la has aceptado. Quiero advertirte ahora que vas a tener muchas tentaciones a lo largo del camino, mucho antes de que completes tus veinte años de investigación, de abandonar el proyecto, porque eso es lo más fácil que puede hacer el débil, desistir. No creo que seas un debilucho. Si lo pensara, no te habría dado la oportunidad. Pero sí sé que necesitas algo que te sirva de puente para superar las tentaciones de abandonar la misión, siempre y cuando aparezcan. Ahora voy a darte una fórmula que te permitirá condicionar tu mente tan bien que nada en el mundo podrá impedirte seguir adelante y completar la tarea que te he asignado".

Yo estaba grabando todo lo que decía en taquigrafía. Luego dijo: "Quiero que escribas muy despacio y que subrayes cada palabra que digo ahora. Y este es el mensaje que quiero que te repitas a ti mismo al menos dos veces al día: una justo antes de acostarte por la noche y otra después de levantarte, mirándote en un espejo. Estás hablando con Napoleon Hill. Y esto es lo que le dices: 'Andrew Carnegie, no solo voy a igualar tus logros en la vida, sino que voy a retarte en el punto de partida y adelantarte frente a la tribuna'".

Tiré el lápiz al suelo y dije: "Ahora, Sr. Carnegie, seamos realistas. Usted sabe muy bien que no voy a poder hacer eso". En aquel momento, el Sr. Carnegie era considerado multimillonario, probablemente el primero y quizá el único multimillonario que este país ha llegado a crear, hasta donde yo sepa.

—Por supuesto, sé que no podrás hacerlo hasta que lo creas. Pero si lo crees, lo harás. Permite que te pida que hagas esto. Inténtalo durante treinta días. ¿Lo harás?

Le dije: —Sí, es una petición razonable. Desde luego que lo haré—. Pero tenía los dedos de ambas manos cruzados. Sabía perfectamente que no funcionaría. La idea de que un joven veinteañero prometiera igualar y superar los logros de un hombre que había alcanzado la categoría de multimillonario era tan ridícula que ni siquiera tenía gracia. Incluso me asustó. Pensé que el Sr. Carnegie había perdido la cabeza. Estuve a punto de dejarlo e irme en ese momento. Era demasiado bueno para ser verdad. Pero se lo prometí.

Mentiroso sinvergüenza

Regresé a Washington y al departamento que mi hermano y yo estábamos compartiendo. Cuando quise repasar la fórmula, no quería que mi hermano supiera el gran ridículo que había hecho. Tenía que darle una noticia que no sería buena. Yo había acordado pagar los gastos de los dos durante los estudios, e iba a tener que decirle que yo estaba abandonando mis estudios y que él tendría que ganarse su propio sustento. Entré en el cuarto de baño y cerré la puerta con fuerza. Me acerqué mucho al espejo y casi susurré la fórmula: "Andrew Carnegie, no solo voy a igualar tus logros en la vida, sino que voy a retarte en el punto de partida y adelantarte frente a la tribuna".

Y cuando me di la vuelta, en el ojo de mi mente, vi al auténtico Napoleon Hill allí de pie. Y le dije: "Mentiroso sinvergüenza", solo que "sinvergüenza" no es la palabra que usé; era una palabra mucho más definitiva y fuerte. Y me sentía como un tonto, como un ladrón, diciendo semejante cosa: una farsa. Y así me pareció. Pero pensé: *Bueno, después de habérselo prometido al Sr. Carnegie, sigue adelante e inténtalo durante la primera semana.* Durante la primera semana, mi actitud me hizo sentir que estaba haciendo algo muy tonto.

Y luego, de repente, hacia el principio de la segunda semana, algo dentro de mí me dijo: *¿Por qué no cambias tu actitud mental acerca de esto? ¿Te das cuenta de que Andrew Carnegie es el hombre más rico del mundo, que es conocido en todo el mundo como el mejor seleccionador de hombres del mundo? Y si te eligió para hacer un trabajo como este, debió haber encontrado algo en ti que no sabías que estaba ahí. ¿Por qué no cambias tu actitud mental?*

Y empecé a cambiar mi actitud mental. Si no lo hubiera hecho, hoy no estaría compartiendo todo esto contigo. Y no estaría hablando con millones de personas de este y otros países del mundo libre a través de mis libros. Si no hubiera cambiado mi actitud mental y me hubiera vuelto positivo en vez de negativo, mi vida sería tan diferente.

Empecé a repetir la fórmula en serio y, a finales de mes, no solo creía que alcanzaría al Sr. Carnegie, sino que sabía que superaría sus logros. Y créeme cuando te digo que desde hace mucho alcancé ese objetivo, y te diré por qué lo he obtenido.

. . . .

La acción es la clave del éxito.

. . . .

El Sr. Carnegie me dio la oportunidad de ayudar a crear alrededor de veinte o veinticinco millonarios en todo el mundo. Pero esa no es la razón principal por qué digo que he superado al Sr. Carnegie. Lo que es más importante es que he reunido a hombres y mujeres en un espíritu de entendimiento, que no había existido. He ayudado a hombres y mujeres a tener éxito en todos los ámbitos de la vida. He salvado a hombres y mujeres del suicidio al ayudarles a encontrarse a sí mismos. He hecho por el mundo cosas que el Sr. Carnegie nunca hizo. Y no solo eso, sino que lo que he hecho ha quedado registrado. Ha sido probado. Se está llevando a un mundo libre, y va a beneficiar a millones de personas que aún no han nacido.

Tú también puedes beneficiarte si aplicas los principios que se comparten en este libro. La acción es la clave del éxito. En primer lugar, veamos los fundamentos de esta filosofía y una visión general de lo que leerás a lo largo de este libro.

La primera filosofía del logro humano

Expresado de la manera más breve posible, la filosofía consiste en los conocimientos prácticos organizados del "cómo" de quienes más han hecho por desarrollar y estabilizar nuestro gran estilo de vida norteamericana y nuestro sistema de libre empresa. El Sr. Carnegie regaló la mayor parte de su dinero antes de morir. Pero me confió lo que dijo que era la mayor parte de sus riquezas, que consistía en los medios por los cuales adquirió su riqueza, y me comprometió a dedicar mi vida a llevar este conocimiento a la gente del mundo.

El conocimiento es la única cualidad sin la cual nadie puede lograr un éxito digno de mención en alguna profesión. Y puedo añadir que era una cualidad que yo no sabía que poseía hasta que me fue revelada por la mente inquisitiva del gran Andrew Carnegie. Pueden adquirirla todos los que dominen y apliquen la idea de la *Definitividad de Propósito*. Esta cualidad consiste en el hábito de poner en marcha más fuerza de voluntad en lugar de abandonar lo que ha emprendido y aceptar la derrota cuando nos enfrentamos a problemas difíciles y el camino se vuelve duro.

· · · · · · · · · · · · · · ·

El conocimiento es la única cualidad sin la cual nadie puede alcanzar un éxito digno de mención en alguna vocación.

· · · · · · · · · · · · · · ·

La vasta mayoría —aproximadamente el 95%— de las personas de todos los países dan vueltas y vueltas en la vida sin objetivo ni propósito. Van a la deriva con las circunstancias de la vida, buenas o malas; mientras que las personas de éxito crean sus propias circunstancias y las conducen a la victoria.

Puede que el camino hacia la grandeza no sea fácil, pero eso es de esperar. Lo que quizá no esperes es la fuente de algo de la oposición.

Mi mayor obstáculo fueron los amigos y parientes que creían que había emprendido un trabajo demasiado grande. Me reprendieron por trabajar para el hombre más rico del mundo durante veinte años sin recibir de él una compensación económica. Y uno de los rasgos más extraños de la mayoría de las personas, especialmente de los propios parientes, es que con tanta frecuencia desaniman a cualquier miembro de la familia que se adelante a la multitud y aspire a lograr un éxito extraordinario.

Ahora bien, no tienes por qué emprender esta travesía solo. De hecho, uno de los principios que estás a punto de descubrir subraya la importancia de un grupo de apoyo que use el principio de la Mente Maestra. A mí me ayudó a lograr mis objetivos personales una alianza de Mente Maestra con dos personas que me dieron ánimos cuando las cosas se ponían difíciles: El Sr. Carnegie (mi patrocinador) y mi madrastra, quien era la única de mi familia que creía que yo resistiría veinte años de dificultades.

Alianzas amistosas

Uno de los grandes milagros de las relaciones humanas consiste en el poder de supervivencia que se adquiere mediante una alianza amistosa con una o más personas. Mi alianza amistosa se amplió para incluir a los realizadores más destacados de la época; cada uno de ellos participó en la creación de esta filosofía.

Thomas A. Edison fue, sin duda, el más interesante y de quien probablemente recibí la ayuda más importante durante mis veinte años de investigación. Menciono al Sr. Edison por sus grandes logros a pesar de que no tuvo mucha educación formal. El Sr. Edison tenía esa cualidad que me consiguió mi oportunidad con Andrew Carnegie, a saber, el hábito de esforzarse más en lugar de desistir cuando las cosas se ponían difíciles. Antes de perfeccionar la luz eléctrica incandescente, intentó más de diez mil ideas diferentes, todas las cuales fracasaron. Aquello fue una Definitividad de Propósito sin paralelo en la historia de la humanidad.

A lo largo de este libro, leerás historias de casos sorprendentes de las personas que son modelos de aplicación de la Ciencia del Logro Personal. A algunas de ellas las conocerás por primera vez; otras serán como viejas amistades para las personas familiarizadas con el Movimiento de Desarrollo Personal.

La primera de estas historias ilustra a un hombre que es amigo personal, muy conocido y muy admirado: Earl Nightingale. A continuación comparto su historia en sus propias palabras:

> No creo que haya pasado un solo día en los últimos cinco años sin que la influencia de la Filosofía del Éxito haya moldeado mi vida en todos los sentidos. Llegar a ella como lo hice, tras veinte años de búsqueda sincera de respuestas, fue como ser rescatado del mar. Se dice que en toda vida dedicada al estudio serio, llega una iluminación tan brillante que elimina todas las sombras de la duda. Desde entonces, hace tan solo unos pocos años, he podido lograr todo lo que me proponía. A la semana de haber descubierto la fórmula, doblé deliberadamente mi salario. Y luego, para asegurarme, lo redoblé. Desde entonces he llegado a dar por sentadas cosas tan sencillas. He trabajado para cuatro empresas desde entonces, y estoy bien encaminado hacia mi objetivo en la vida.

> Por increíble que pueda parecer, hay un fragmento de sabiduría que se ha transmitido desde la antigüedad sin cambios ni cuestionamientos. Grandes pensadores desde el principio de los tiempos la han ordenado como si fuera su propio descubrimiento personal, y por lo tanto así fue. Podemos leerlo mil veces y que nos lo griten a la cara, pero por alguna extraña razón autolimitante, no podemos descubrirlo hasta que estemos preparados para descubrirlo. **Los pensamientos humanos tienen tendencia a transformarse en su equivalente físico.** Eso es todo. No es muy

estremecedor, ¿verdad? Solo once palabras que todavía me dan escalofríos cuando pienso en el poder que encierran.

Pero ahí no se acaba la historia. De hecho, es solo el principio. He aislado doce grandes riquezas de la vida. Por lo tanto, antes de examinar los diecisiete principios, veamos el primer paso de tu travesía, que implica la autocomprensión.

Nuestras dos personalidades

Para comprender correctamente el uso de los principios del éxito, de los cuales hablaremos, primero es necesario comprender algo acerca de ti mismo. Es necesario evaluar las riquezas que ya posees, para poder añadir inteligentemente a tu vida otras riquezas. Y para comprenderte a ti mismo, es necesario reconocer que cada persona es una personalidad plural. Cada persona se compone de al menos dos personalidades diferentes.

Existe, por supuesto, el yo que ves cuando te miras en un espejo. Tu yo físico es solo la casa en la que viven tus otros yos. En esa casa hay dos individuos que están eternamente en conflicto entre sí. Uno es una persona negativa que piensa, se mueve y vive en una atmósfera de temor, duda, pobreza y mala salud. Este yo negativo espera el fracaso y rara vez se decepciona. Piensa en las circunstancias de la vida que no deseas pero que parece que estás obligado a aceptar: pobreza, codicia, superstición, temor, duda, preocupación y enfermedad física.

Y tu otro yo es una persona positiva que piensa en términos de opulencia, buena salud, amor y amistad, logros personales, visión creativa, servicio a otros, y que te guía infaliblemente hacia la obtención de todas estas bendiciones. Solo este yo es capaz de reconocer y apropiarse de las doce grandes riquezas de la vida. Es el único yo capaz de recibir la Llave Maestra de las riquezas.

Si queremos ser ricos, si queremos obtener cosas positivas en este mundo, tenemos que empezar con una actitud mental positiva. Hablo de riquezas materiales, por supuesto, pero no hablo solo de riquezas materiales. Tengo la esperanza y el propósito de compartir contigo el conocimiento mediante el cual puedes adquirir todas las riquezas a través de la expresión de tu propia iniciativa personal. Las riquezas duraderas consisten en muchos otros valores además de las cosas materiales.

Y me permito añadir que, sin estos otros valores intangibles, la posición del dinero no puede aportar la felicidad que algunos creen que proporcionará. Siempre que hablo de riquezas, pienso en las grandes riquezas cuyos poseedores han hecho que la vida sea rentable en sus propios términos, los términos de la felicidad plena y completa. Las llamo las *Doce Grandes Riquezas de la Vida*. Y es mi sincero deseo compartirlas con todos los que se prepararán para recibirlas.

Quizá te preguntes acerca de mi voluntad para compartir. Por lo tanto, déjame decirte que la Llave Maestra a las riquezas permite a sus poseedores añadir a su propia reserva de riquezas todo aquello de valor que comparten con otros. Este es uno de los hechos más extraños de la vida que debes reconocer y respetar si esperas llegar a ser realmente rico en este mundo.

Las doce grandes riquezas de la vida

Una actitud mental positiva es la primera de las doce grandes riquezas, el punto de partida de todas las riquezas, ya sean riquezas de naturaleza material o riquezas intangibles. Una actitud mental positiva atrae las riquezas de la verdadera amistad y las riquezas que encontramos en la esperanza de logros futuros. Una actitud mental positiva provee las riquezas que podemos encontrar en las obras de la naturaleza tales como las noches alumbradas por la luna, en las estrellas que flotan en el cielo, en los paisajes exquisitos y en los horizontes lejanos; y las riquezas que se encuentran en la labor de amor de nuestra propia elección, donde se puede dar expresión al plano más elevado de nuestra propia alma; y las riquezas de la armonía en las relaciones entre familia, donde todos los miembros de la familia trabajan juntos en el espíritu de la cooperación amistosa; y las riquezas de la salud física sana, que es el tesoro de quienes han aprendido a equilibrar el trabajo con el juego.

Y luego, están las riquezas de la libertad del temor y las riquezas de la autodisciplina, a través de las cuales podemos tener la alegría de saber que la mente puede servir y servirá a cualquier fin deseado si tomamos posesión de ella y la ordenamos a través de la Definitividad de Propósito; y las riquezas del juego, a través de las cuales podemos dejar a un lado todas las cargas de la vida y volvernos como un niño pequeño; y las riquezas del descubrimiento de nuestro otro yo, el yo que no conoce la realidad del fracaso permanente; y las riquezas de la fe en la Inteligencia Infinita, de la que cada individuo es una parte diminuta; y las riquezas de la meditación, el vínculo de unión por el cual podemos recurrir a voluntad al gran suministro universal de la Inteligencia Infinita.

Sí, estas y todas las demás riquezas comienzan con una actitud mental positiva. Así que es fácil ver que una actitud mental positiva es, sin lugar a duda, la mayor de las doce riquezas de la vida. Tienes en tus manos la Llave Maestra de estas riquezas. La llave consiste en los diecisiete principios que estás a punto de adoptar. En el próximo capítulo examinaremos el *Principio 1: Definitividad de Propósito*. Descubrirás qué es y cómo usarlo para lograr lo que más deseas en la vida.

CAPÍTULO 1

DEFINITIVIDAD DE PROPÓSITO

Las personas exitosas se mueven por iniciativa propia, pero saben adónde van antes de comenzar. Este conocimiento es el enfoque del primero de los diecisiete principios: la *Definitividad de Propósito*, un objetivo específico hacia el cual estás trabajando para lograr. Las personas exitosas son las que no se conforman con cualquier cosa que sea menos de lo que se proponen lograr.

Cuando yo contaba con diez años, murió mi madre, y dos años después, mi padre trajo a casa una madrastra. Mucho antes de que llegara, la familia de mi madre nos había enseñado a mí y a mi hermano menor a odiar a la mujer que iba a ocupar el lugar de mi madre, y habíamos hecho un magnífico trabajo preparándonos para odiarla.

Cuando mi padre la trajo a casa y la presentó a todos mis tíos y tías, dijo: "Y aquí en el rincón, Martha, está tu hijo, Napoleon, el chico más malo del condado de Wise, y no me extrañaría nada que empezara a tirarte piedras mañana por la mañana". Apreté los brazos y le dije: "Tienes toda la razón. Le enseñaré algo a esa mujer". Y tenía la intención de hacerlo.

Se acercó, me puso la mano bajo la barbilla, me levantó la cabeza y me miró directamente a los ojos, se dio la vuelta y pronunció un discurso que ha resonado en todo este mundo, que ya ha influido en millones de personas y que influirá en millones de otros para mejor. Dijo: "Te equivocas en cuanto a este chico. Estás tan equivocado como pudieras estarlo. No es el chico más malo del condado de Wise. Probablemente solo sea el chico más inteligente que aún no ha descubierto qué hacer con su inteligencia".

Supe en ese mismo momento y lugar que mi madrastra y yo nos íbamos a llevar bien. Era la primera vez en mi vida que alguien decía algo amable acerca de mí. Yo era un chico malo. Tenía un revólver. Lo usaba eficazmente y todo el vecindario me tenía miedo, y no sin motivo.

Mi madrastra se puso a trabajar conmigo. Me hizo cambiar el revólver por una máquina de escribir Blickensderfer. Luego me enseñó a escribir a máquina. Y en poco tiempo teníamos veintiséis periódicos en mi lista. Yo escribía un boletín informativo desde esas montañas; y cuando no teníamos noticias, créeme que las inventaba.

Aproximadamente un mes después de la llegada de mi madrastra, una mañana se le cayó la dentadura postiza y se rompió. Hasta entonces, yo ni siquiera conocía el concepto de la dentadura postiza. Mi padre era relojero, tenía una herrería, una pequeña tienda rural y una oficina de correos; podría decirse que era un persona de muchos oficios. ¡Ah! y además tenía lo que parecía ser una pequeña granja, donde me pusieron a trabajar. Recogió la dentadura rota y volvió a montar las dos piezas. La miró un momento y dijo: "Mi querida Nora, creo que puedo hacer una dentadura". Ella corrió hacia él, lo abrazó y le dijo: "Pues yo sé que puedes hacer una dentadura". Y pensé: *¡Qué mujer! ¿Mi viejo puede hacer una dentadura? Sabe herrar un caballo. Lo sé porque le he visto hacerlo. ¿Pero hacer una dentadura?*

Unas tres semanas después, volví de la escuela y, al entrar en el patio, percibí un olor muy peculiar. Y cuando entré en casa, vi una olla transparente pequeña sobre el fuego. Pregunté a mi madrastra qué era. Me dijo: "Tu padre consiguió los materiales necesarios para hacerme una dentadura, y están ahí cocinándose". Pensé: *¡Dios mío, qué mujer!*

Después de que cociera el tiempo necesario a presión, mi padre bajó la pequeña olla al arroyo, la enfrió y sacó un gran trozo de partes de plástico, lo recortó por fuera, cogió un trozo de tela de esmeril y lo alisó. Yo sabía que nunca lograría caber en la boca de mi madrastra. Parecía demasiado grande. Pero él se la puso y encajó casi perfectamente. Ella la usó durante tres años.

La siguiente vez que volví a casa de la escuela, había un bonito letrero pintado a mano en nuestra puerta principal: "Dr. J. M. Hill, dentista". Vaya, ella había convertido a mi padre en dentista de la noche a la mañana, sin necesidad de que fuera a la escuela, se presentara a un examen o consiguiera una licencia. Fue a la herrería y se fabricó unas herramientas para sacar muelas. Y vaya si hizo negocio: ejerció la odontología en el este de Kentucky, el suroeste de Virginia y hasta Tennessee.

Dentro de poco tiempo, estábamos ganando buen dinero, entre 50 y 60 dólares al mes. Y así seguimos durante unos tres años. Hasta que un día llegó el juez de paz local con un libro de leyes bajo el brazo y dijo: "Mire, Dr. Hill. El artículo 540 del código de Virginia dice que es necesario tener una licencia para ejercer la odontología. Si no la tiene, puede ir a la cárcel". Bueno, él y mi madrastra se pusieron de acuerdo en que mi padre iría a la capital del condado a ver a un abogado.

A la caída de la tarde, le vi regresar de la capital del condado. Por la forma en que venía desplomado sobre su caballo, supe que había hecho lo que suelen hacer 999 de cada 1.000 personas. Había aceptado que el problema era algo del cual no podía hacer nada. El abogado dijo que tenía que someterse a un examen, y mi padre llegó a la conclusión de que no tenía educación suficiente para someterse a un examen. Al bajarse, dijo: "Bueno, Marta, se acabó. El abogado dice que tengo que hacer un examen, y tú sabes que no tengo educación suficiente para ello."

Ahora bien, una mujer promedio se habría marchado y habría dicho que era una lástima, que intentaríamos otra cosa. Pero mi madrastra no funcionaba así. Si hubiera funcionado así, hoy no estarías leyendo este libro. Y yo no estaría hablando a millones de personas de todo el mundo, porque entonces no existiría Napoleon Hill. Le dijo: "Mira, Dr. Hill, no he hecho de ti un dentista para que me defraudes. Si tienes que ir a la universidad y aprender cómo hacer un examen, eso es exactamente lo que harás". Pensé: *¡Dios mío, qué mujer! ¡Qué mujer!*

Mi viejo fue a la universidad. Pero no lo dejaron entrar en el plantel y mucho menos matricularse. ¿Sabes lo que hizo? Se trataba de alguien que se movía con Definitividad de Propósito y no conocía lo opuesto a la Definitividad de Propósito. Ella mandó a mi padre a la Facultad de Odontología de Louisville, lo matriculó durante cuatro años con el dinero del seguro de vida de su exmarido, y se convirtió en uno de los dentistas más destacados del suroeste de Virginia. Mi padre se convirtió en uno de los dentistas más prominentes probablemente de todo el estado de Virginia. Así funcionaba ella.

Así funcionará cualquiera que se apodere de esta filosofía y la use de la forma en que es capaz de ser usada. Y si no tuvieras nada más en el mundo que esta Lección # 1 y supieras exactamente lo que quieres y te mantuvieras firme, casi podrías olvidarte de los otros dieciséis principios. Es así de importante.

Siete factores de la Definitividad de Propósito

Puedes escribir tu propia historia de éxito si encuentras tu propio propósito definitivo. Para escribir el primer capítulo, necesitas conocer y poner en práctica los siete factores que forman parte de la Definitividad de Propósito.

El primer factor es saber que el punto de partida de todo logro es la adopción de un propósito definitivo, acompañado de un plan definitivo para su obtención, seguido de una acción apropiada. Esto significa un plan, propósito y acción. Esas tres palabras constituyen el primer factor.

El éxito en cualquier vocación es el resultado de la Definitividad de Propósito. Ahora bien, todos tenemos propósitos —varios propósitos—, pero no son definitivos. La mayoría de las veces son esperanzas y deseos. Todos deseamos dinero. Deseamos oportunidades. Deseamos amor y afecto. Deseamos reconocimiento. Deseamos muchas cosas. Pero desear no es suficiente. Antes de que puedas estar seguro de que tendrás éxito, tienes que tener un objetivo definitivo, un plan definitivo para lograrlo. Y tienes que respaldar ese plan con todo lo que tienes; tienes que engañar a tu mente constantemente hasta que el subconsciente de tu mente capte tu plan y descubra qué es lo que quieres.

El segundo factor es que todos los logros individuales son el resultado de un motivo o de una combinación de motivos. Lograr cualquier cosa en este mundo, o hacer cualquier cosa, es el resultado de un motivo. Todas las personas cuerdas se mueven como resultado de motivos. Hay *nueve motivos básicos* bajo los cuales puedes clasificar cada impulso que tienes que hacer, o no hacer, a lo largo de la vida:

1. *La emoción del amor*

2. *La emoción del sexo*

3. *El deseo de riqueza material*

Conocidas como las "tres grandes" —amor, sexo, riqueza—, se dice que estas tres emociones gobiernan prácticamente al mundo entero.

4. *El deseo de autoconservación*

5. *El deseo de libertad de cuerpo y mente*

6. *El deseo de expresión y reconocimiento personales*

7. *El deseo de perpetuación de la vida después de la muerte*

Esos son siete aspectos positivos; a continuación hay dos negativos que influyen en tu vida —muy a menudo, más que los positivos—, a los que debes prestar atención.

8. *El deseo de venganza.* Te sorprendería saber cuánto tiempo de la vida de una persona se dedica a querer vengarse por algún agravio imaginario o real. Y, sin embargo, todo ese esfuerzo es destructivo.

9. *La emoción del temor,* que probablemente influye en más acciones humanas que todos los otros motivos juntos y, sin embargo, es el más destructivo de todos ellos. Bajo el encabezamiento de temor, hay *seis temores básicos* que hay que vigilar constantemente a lo largo de la vida:

- *El temor a la pobreza.* Ahora bien, por qué alguien habría de tener temor a la pobreza en una gran nación como Estados Unidos, donde abundan las oportunidades, es algo que no puedo entender. Pero sí sé que la inmensa mayoría de mis alumnos tienen que ser tratados primero por el temor a la pobreza. Es necesario que sean conscientes del éxito. Nunca tendrás éxito en nada hasta que tengas conciencia del éxito. Tienes superar esa idea de autolimitación.

- *E temor a la crítica.* Eres realmente afortunado si has llegado a este punto de la vida sin haber sufrido el temor a la crítica, el temor al "qué dirán". He oído a tantas personas decir: "Bueno, yo haría tal cosa si no fuera por lo que ellos dirán", y nunca he llegado a saber quiénes eran "ellos". Son seres totalmente imaginarios, pero te sorprendería lo poderosos que son. Aturden el entusiasmo. Reducen tu iniciativa personal. Destruyen tu imaginación y hacen que prácticamente sea imposible que logres algo por encima de la mediocridad.

- *El temor a la mala salud.* Los médicos saben muy bien lo que provoca ese temor. Resulta en una condición conocida como hipocondría o enfermedades imaginarias.

- *El temor a la pérdida del amor de alguien,* en el cual se basa toda esa forma de demencia conocida como celos. Los celos no requieren una razón. Pueden ser tan violentos y destructivos cuando no tiene fundamento como cuando los tienes. Pero son una fuerza motivadora y un temor. Es uno de los seis temores básicos.

- *El temor a la vejez.* No sé por qué las personas tienen temor de secarse y desaparecer cuando llegan esa edad madura agradable de cuarenta a cincuenta años. Los verdaderos logros del mundo fueron el resultado de hombres y mujeres que superaron con creces la edad de cincuenta años. Y la edad de mayores logros fue entre los sesenta y cinco y los setenta y cinco. Por lo tanto, no sé por qué las personas tienen miedo a la vejez, pero sin embargo lo tienen.

- *El temor a la muerte.* Es la cosa más rara del mundo encontrar a una persona que no haya tenido en algún momento temor a morir.

La filosofía que estás aprendiendo en este libro, antes de que termines de leerlo, te preparará, espero, para eliminar esos seis temores básicos, en particular el último.

El tercer factor es que cualquier idea, plan o propósito dominante que mantengas en tu mente mediante la repetición del pensamiento y que esté emocionalizado con un deseo ardiente de su realización, es asumido por la mente subconsciente y se activa a través de cualquier medio natural y lógico que esté disponible. Esa descripción es mucho para digerir. Cualquier idea, plan o propósito dominante que se mantenga en la mente a través de la repetición del pensamiento y que esté emocionalizado con un deseo ardiente de su realización, es asumido por la mente subconsciente y se activa a través de cualquier medio natural y lógico disponible.

Ahora bien, las ideas clave de esa frase son *los medios naturales y lógicos y* el *deseo ardiente.* Pues bien, un deseo ardiente es un deseo que te impulsa a estar dispuesto a dar cualquier cosa en el mundo, sea cual sea el precio, para obtener el objeto de ese deseo. Un deseo ardiente es el que te llevas a la cama por la noche. Lo entregas a tu subconsciente por la noche; te levantas con él por la mañana. Comes con él; duermes con él. Primero lo consigues y luego él te consigue a ti.

Eso es un deseo ardiente. Puede que tengas que hablar de ello. Tienes que pensar acerca de ello. Sin embargo, a la hora de hablar de ello, ten cuidado de dónde hablas porque puedes llegar a aburrir a la gente. Parte de lo que te estoy contando puede parecerte fantástico. Te insto a que no tomes solo una parte de esta filosofía; tómala tal como te la doy, y por muy tonta que te parezca a ti o a los que te rodean al principio, síguela al pie de la letra.

El cuarto factor es que cualquier deseo, plan o propósito dominante, respaldado por el estado mental conocido como fe, es asumido por la mente subconsciente y activado casi inmediatamente.

El quinto factor es que el poder del pensamiento es la única cosa sobre la cual el ser humano tiene control completo e incuestionable. Se trata de un hecho tan asombroso que connota una estrecha relación entre la mente humana y la Inteligencia Infinita: el hecho mismo de que el Creador diera a los humanos el control sobre una sola cosa, pero con la intención de que esa única cosa fuera suficiente para sus necesidades. Y créeme, es suficiente si la usas adecuadamente. No hay nada que no puedas lograr si puedes concebirlo y creerlo. Si puedes concebir una idea, un plan o un propósito y crees que puedes lograrlo, puedes encontrar la forma y los medios de hacerlo. Pero tienes que ser concreto acerca de ello. Tienes que ser específico. Tienes que saber qué es lo que quieres. Tienes que saber por qué lo quieres, y tienes que decidir qué vas a dar a cambio de ello, porque la naturaleza desaprueba la idea de algo a cambio de nada.

El sexto factor: la mente subconsciente parece ser la única puerta de acercamiento individual a la Inteligencia Infinita. La base del acercamiento es la Fe basada en la Definitividad de Propósito. Cualquier idea, plan o propósito mantenido en la mente en un espíritu de Fe comienza casi inmediatamente a revelarte formas y medios de llevar a cabo esa idea.

El séptimo factor es que todo cerebro es a la vez un aparato emisor y una estación receptora de las vibraciones del pensamiento, hecho que explica la importancia de moverse con Definitividad de Propósito, en lugar de ir a la deriva, ya que el cerebro puede estar tan completamente cargado de la naturaleza del propósito de una persona que atraerá los equivalentes físicos o materiales de ese propósito. Es algo asombroso, sobre todo porque es un hecho demostrable. Es decir, que el primer aparato emisor y receptor que se creó fue el cerebro humano.

Y lo reconozcas o no, sintonizas constantemente con las vibraciones de otras personas, especialmente con las personas con las que estás en armonía, es decir, con las que tus pensamientos y los suyos coinciden. Si tus pensamientos son de pobreza, fracaso y/o enfermedad, te sintonizarás con los pensamientos de otras personas que tengan pensamientos similares. Si tus pensamientos son de éxito y riqueza, de opulencia, sintonizarás con los pensamientos de otras personas que piensen así.

Habrá momentos en los que te vendrán a la mente ideas tan negativas que casi te asustarán. Te preguntarás de dónde han salido. Te preguntas por qué tu mente te entregaría pensamientos tan destructivos. Y si se supiera la verdad, has dejado tu receptor abierto y te has sintonizado con el tipo equivocado de mentes.

Esta filosofía está diseñada para mantener tu conjunto receptor cerrado a todo excepto al tipo de mentes que quieres: mentes positivas, mentes que piensan en términos de lo que quieres en lugar de lo que no quieres. Creo que una de las cosas más extrañas de la vida es que la mayoría de las personas van por la vida como fracasadas, independientemente de su educación, su posición o sus oportunidades. Sufren con temores y limitaciones, y en sentido estricto, nunca encuentran la felicidad. La razón es que permiten que sus mentes se detengan en los fracasos, la pobreza, la mala salud y las cosas que no quieren. En realidad, la mente tiene una forma peculiar de atraer hacia ti las cosas de las que se alimenta, las cosas con las que se asocia. Es como una manzana podrida en un oso, y no puedes permitírtelo. No puedes permitirte una asociación estrecha con las personas que no vibran con los doce cilindros.

Elige a los ganadores. Sé como la persona que fue al restaurante y pidió langosta. Cuando el mesero la trajo, una de las pinzas grandes había desaparecido. El comensal se quejó de ello, y el mesero le dijo: "Bueno, se peleó y perdió la otra pinza". El comensal dijo: "Tráeme al ganador. Quiero al ganador". Esa es exactamente la idea. Asóciate con ganadores porque te elevarán.

Y si te asocias con fracasados, te hundirán a pesar de todo lo que puedas hacer.

Aprovecha el poder de tu mente subconsciente.

Una cosa que puedes hacer para llegar a ser ganador es aprovechar el poder de tu mente subconsciente para avanzar hacia tu objetivo. Puedes usarlo para conectar con una clase de poder universal.

La mente subconsciente parece ser la única puerta de acceso individual al suministro universal de la Inteligencia Infinita. Y solo es capaz de ser influenciada por una Definitividad de Propósito respaldada por una creencia duradera. La Definitividad de Propósito desarrolla automáticamente la confianza en uno mismo, la iniciativa personal, la imaginación, el entusiasmo, la autodisciplina y la concentración del esfuerzo, todos ellos requisitos previos para la obtención del éxito. Nos induce a presupuestar nuestro tiempo y a crear planes diarios que nos lleven a la obtención de nuestro propósito general o principal en la vida. Nos hace estar más alerta para reconocer las oportunidades relacionadas con el objeto de nuestro Propósito Mayor Definitivo.

La Definitividad de Propósito inspira confianza en nuestra integridad y carácter, y atrae la atención favorable de las personas que pueden ayudarnos en la obtención de nuestros propósitos en la vida. Abre el camino para ejercer plenamente ese estado mental conocido como Fe, al hacer que la mente sea positiva y liberándola de las limitaciones del temor, la duda y la ansiedad.

Por último, pero no por ello menos importante, la Definitividad de Propósito nos hace conscientes del éxito, siendo este el primer paso en la dirección del logro satisfactorio en todo lo que emprendamos. Nos ayuda a desarrollar y mantener una actitud mental positiva.

La fórmula para una actitud mental positiva

Existe una fórmula sencilla para desarrollar esta actitud mental positiva, y la veremos brevemente aquí, de cuatro maneras.

Número uno, dibuja una imagen clara en tu mente de lo que deseas precisamente y empieza a vivir y a actuar como lo harías si el deseo ya se hubiera realizado. Respalda tus deseos con tantos motivos básicos como sea posible. Mantén tus deseos activos en todo momento mediante acciones físicas y mentales. La inactividad con respecto a los deseos carece de valor.

Número dos, convéncete de que obtendrás los objetos de tus deseos. Mantén tu mente alejada de las circunstancias y de las cosas que no deseas, porque la mente atrae aquello de lo que se alimenta. Aquí tienes de nuevo todas las razones por las que te crees con derecho a realizar los objetos de tus deseos, incluyendo lo que pretendes dar a cambio, y empieza a dar donde estés. Acostúmbrate a adquirir la información esencial para la obtención de tus deseos haciendo preguntas a las personas que sabes que tienen las respuestas correctas.

Número tres, mantén el objeto de tus deseos para ti mismo, sin comunicarlo a otros, no sea que provoques celos y oposiciones que puedan derrotarte. Pon a tantas personas como sea posible bajo tu obligación mediante el hábito de ir la milla extra prestando más servicio del que se espera de ti.

Número cuatro, mantén tu mente libre de envidia, ira, codicia, odio, celos, venganza y temor, porque estos son los siete escritores sombríos del fracaso.

En estas instrucciones, tienes los medios para desarrollar una actitud mental positiva, que atraerá hacia ti las cosas y las personas relacionadas con tus objetivos y propósitos en la vida.

Más adelante, oiremos más acerca de cómo desarrollar una actitud mental positiva y usar la fe en nuestra propia historia de éxito personal. Antes de continuar, tenemos que averiguar cómo desarrollar esta Definitividad de Propósito. Existen algunos pasos concretos que tendrás que dar para abrazar tu propio propósito.

La fórmula para la Definitividad de Propósito

Te sugiero que expreses tu diseño en papel. Escribe una declaración clara de tu propósito principal en la vida. Fírmala, memorízala y repítela al menos dos veces al día en forma de oración o afirmación. Si estás casado, haz que tu pareja firme la declaración contigo y repítanla juntos justo antes de acostarse cada noche.

Escribe un bosquejo claro y definido del plan o planes que piensas usar para lograr el objeto de tu Propósito Principal Definitivo e indica el tiempo máximo en que pretendes lograrlo. A continuación, describe detalladamente lo que piensas dar a cambio de la realización del objeto de tu propósito, teniendo en cuenta que todo tiene un precio que hay que pagar. Guarda tu Propósito Principal Definitivo estrictamente para ti y para tu pareja, si estás casado. Llama a tu Propósito Principal Definitivo a tu mente consciente tan a menudo como sea práctico. Come con él, duerme con él y llévalo contigo cada hora del día. Ten en cuenta que tu mente subconsciente puede verse influida para trabajar en su obtención mientras duermes.

He aquí un caso muy interesante, que muestra lo que puede ocurrir cuando las personas descuidan moverse con Definitividad de Propósito. Hace algunos años, R. U. Darby, de Baltimore, Maryland, tuvo la buena fortuna de descubrir una veta de oro muy rica mientras estaba de vacaciones en el Oeste. Volvió a casa y pidió dinero prestado a amigos y parientes para instalar maquinaria minera y se puso a trabajar extrayendo el rico mineral de oro. Todo fue bien durante unas semanas.

Entonces, de repente, la veta terminó. Por pura desesperación, Darby vendió el equipo minero a un chatarrero por una fracción de lo que había costado, y regresó a casa.

El chatarrero demostró su astucia llamando a un ingeniero de minas, quien examinó la mina y anunció que una falla en la tierra había interrumpido la veta del mineral. Dijo: "Cava más adelante y volverás a encontrar la vena". El nuevo propietario, el hombre de la Definitividad de Propósito, cavó un metro más adelante y allí volvió a encontrar la veta. Su determinación le reportó varios millones de dólares. La mina resultó ser una de las más ricas del Oeste.

Todos los días, hombres y mujeres se quedan a las puertas de un éxito glorioso, porque van a la deriva por la vida, sin rumbo ni propósito. Que no seas tú.

Llegados a este punto, te animo a que dejes de leer y escribas tu propósito definitivo, tu objetivo. Asegúrate de enfocarte en los aspectos específicos. Enumera la información o los conocimientos que buscas, el trabajo que quieres hacer y/o el tipo de personalidad que deseas. Escribe lo que quieres que te paguen cada año, los lugares que quieres visitar, las habilidades que quieres poseer, y date un calendario definido para lograr lo que has escrito.

Cuando hayas terminado, haz de esta declaración un acuerdo vinculante, fírmala y piensa en ella como un acuerdo con tu subconsciente. Tu subconsciente trabajará para conseguir este propósito incluso cuando tú no lo estés haciendo. Una vez que hayas fijado tu Propósito Principal Definitivo, no tendrás que trabajar a solas para conseguirlo. En el siguiente principio, aprenderás a conseguir la ayuda de otros para lograr la grandeza personal.

CAPÍTULO 2

LA ALIANZA DE LA MENTE MAESTRA

Se ha dicho que nadie puede alcanzar un éxito permanente sin llevarse a otros en su travesía. Los llevas para su beneficio y el tuyo. El segundo principio de la Ciencia del Logro Personal —*la alianza de la Mente Maestra*— subraya la importancia de la asociación con otras personas, usando un conjunto de talentos y conocimientos para lograr el éxito. El principio de la Mente Maestra es el eje de toda esta filosofía.

He aquí una buena definición de la Mente Maestra: una alianza de dos o más personas que trabajan en armonía con una actitud mental positiva para la obtención de un fin definitivo: dos o más personas que trabajan en armonía —perfecta armonía— con una actitud mental positiva para la obtención de un fin definitivo. Ahora, esta definición parece bastante sencilla, pero hay mucho más de lo que parece a simple vista.

Cuando me presentaron inicialmente a Andrew Carnegie, la primera pregunta que le hice fue que me dijera, con el menor número de palabras posible, a qué debía su fortuna. Dijo: "Bueno, mi fortuna se debe enteramente al trabajo de mi grupo de Mente Maestra", explicando que la Mente Maestra no está formada por una sola mente, sino por más de veinte cuyos antecedentes, experiencias, educación, temperamentos y habilidades se han combinado y mezclado y dirigido hacia un fin definitivo en un espíritu de perfecta armonía. Y ese fin para él era la fabricación y el mercadeo del acero.

Esa fue la primera vez en mi vida que oí hablar de la Mente Maestra. Y más tarde, cuando empecé a ponerme en contacto con estos otros hombres de grandes logros, descubrí que no había posibilidad de grandes logros si no era mediante la aplicación de la Mente Maestra. Es decir, a menos que aprendas a conectar tu mente con las mentes de otros —usar su educación, su capacidad, su previsión, su temperamento y, a veces, su capital—, nunca llegarás muy lejos. Todos los grandes logros, como General Motors y General Electric, son el resultado de alianzas de Mente Maestra, incluyendo la aplicación y el uso del dinero de otras personas.

*El **primer factor** del principio de la Mente Maestra es el medio a través del cual podemos adquirir todos los beneficios de la experiencia, la preparación, la educación y los conocimientos especializados de otros influyentes,* tan completamente como si sus mentes fueran, en realidad, una sola zona. Por ejemplo, contempla lo que ocurrió en la vida de Thomas A. Edison, quien fue expulsado de la escuela después de unos pocos meses y enviado a casa con una nota a sus padres en la que se decía que no era enseñable. Nunca volvió a la escuela. No sabía nada de ciencias, y sin embargo, eligió a las ciencias como su principal objetivo en la vida, una vocación que le obligaba a usar todas las ciencias de forma práctica. Debía tener capacidad técnica. Debía tener capacitación científica. Debía tener una gran variedad de cosas, y sin embargo no tenía ninguna de ellas.

. . . .

Rodéate de personas que tienen las habilidades para ayudarte a lograr tus objetivos.

. . . .

¿Y qué hizo al respecto? Lo que hace toda persona exitosa que emprende algo que está más allá del ámbito de sus propios logros: se rodeó de las personas que sí tenían esas habilidades, que entendían de química y física; las que tenían la capacitación necesaria que él no poseía. Les dijo lo que se tenía que hacer y ellos le mostraron cómo hacerlo.

En todos los casos en que encuentres a las personas de logros sobresalientes en cualquier carrera, verás que han tenido éxito como resultado de una alianza de Mente Maestra de un tipo u otro. Aquí, en Minnesota, se encuentra la gran clínica de los hermanos Mayo, probablemente la clínica médica más importante de su naturaleza en todo el mundo. Una de las muchas razones por las que es grande es porque en esa institución hay personal médico que se ha capacitado en casi toda especialidad imaginable. Los hermanos Mayo prestan una atención médica excelente porque comprenden y usan el principio de la Mente Maestra.

A través de la experiencia y los conocimientos de un geólogo, alguien puede comprender la estructura de la Tierra sin tener formación en geología. Y a través de la experiencia y los conocimientos de un químico, alguien puede usar de forma práctica la química sin ser un químico entrenado. Y, por cierto, cualquiera puede elegir cualquier cosa como objetivo principal en la vida —cualquier propósito que desee— y aunque ese propósito implique una educación que no posea, puede salvar fácilmente esa deficiencia rodeándose de las personas que sí tienen esa educación. Mediante el conocimiento y la habilidad de científicos, técnicos, físicos e ingenieros prácticos, podemos convertirnos en inventores de éxito.

El segundo factor de la Mente Maestra es que es una alianza activa de dos o más mentes en un espíritu de perfecta armonía para la obtención de un objetivo común, que estimula la mente de cada individuo hasta un grado de valor superior al que se experimenta ordinariamente y prepara el camino para el estado mental conocido como Fe. Si alguna vez has participado en una discusión en grupo o en una mesa redonda en que hablaban sobre cualquier problema o cualquier tema, sin duda te diste cuenta de que, a medida que la discusión continuaba, aprendías cada vez más acerca de ese tema. A menudo, sin embargo, quien tiene la conversación más esclarecedora sobre el tema es quien menos sabe acerca de él. La armonía de las mentes sintoniza con la mente de otros y obtiene información que no está disponible en ninguna otra circunstancia. La alianza de la Mente Maestra estimula la mente, la vigoriza hasta el punto de que puedas sintonizar con otros, lo que tal vez conecte tu cerebro pensante con la Inteligencia Infinita. Es una teoría que incluso podría ser un hecho.

El tercer factor: una alianza de Mente Maestra bien dirigida estimula a cada mente de la alianza a moverse con entusiasmo, con iniciativa personal, con imaginación y valentía, hasta un grado muy superior al que cada individuo experimenta cuando se mueve sin tal alianza. Y si tienes el tipo adecuado de alianza de Mente Maestra, cuando el camino sea difícil, cuando tengas problemas que no sepas cómo resolver, simplemente reúne a tu alianza de Mente Maestra y empieza a hablar acerca de ese problema. Empieza a hablar con el sentir de que, en algún momento de la conversación, alguien dará con la respuesta. Te sorprenderás, ya que a menudo la persona a la que se le ocurre puede ser la que menos esperas.

En esta tercera premisa, una alianza de Mente Maestra correctamente dirigida estimula a cada mente de la alianza a moverse con entusiasmo, iniciativa personal, imaginación y valor hasta un grado muy superior al que el individuo experimenta cuando se mueve sin dicha alianza. Repito esta afirmación porque quiero que la tengas presente.

El cuarto factor: para ser eficaz, una alianza de Mente Maestra debe ser activa. No basta con formar un grupo y decir: "Bueno, vamos a reunirnos y este será mi grupo de Mente Maestra". El grupo debe ser activo. La mera asociación de mentes no es suficiente. Deben comprometerse en la búsqueda de un propósito definitivo, y deben moverse con perfecta armonía; y deben hacerlo continuamente. Sin el factor de la armonía, la alianza puede no ser más que cooperación ordinaria o coordinación amistosa de esfuerzos, que es algo enormemente distinto de la Mente Maestra. La Mente Maestra da al grupo pleno acceso a los poderes espirituales de los otros miembros de esa alianza.

Hace muchos años, tuve el privilegio de cenar en el Chicago Athletic de Club con los "Seis Grandes" de Chicago: William Wrigley Jr., propietario de los Chicago Cubs; Albert D. Lasker, propietario de la agencia de publicidad Lord & Thomas; William C. Ritchie y John D. Hertz, fundadores de la Yellow Taxicab Company; Charles A. McCullough, propietario de la Parmalee Express Company; John R. Thompson, propietario de una exitosa cadena de restaurantes. Todos estos hombres empezaron sin capital, no muchos años antes de que yo los conociera. Cada uno empezó sobre la base de reunirse todos los sábados por la noche y discutir el Objetivo Principal Definitivo de cada hombre. Cada uno tenía un objetivo definitivo, pero empezaron sin dinero. Sin embargo, cuando los conocí, la riqueza combinada de esos seis hombres era alrededor de 25 millones de dólares. Todos habían alcanzado el éxito prestándose su actitud mental envuelta en el principio de la Mente Maestra. Es asombroso lo que puede ocurrir cuando dos o más personas se reúnen de forma rutinaria para hablar de lo que quieren hacer los otros.

A propósito, tú como individuo puedes tener un objetivo, y alguien de la alianza de la Mente Maestra contigo puede tener otro. No es necesario que tengan el mismo objetivo en absoluto; pero si trabajan juntos en un espíritu de armonía amistosa, lograrán resultados.

*El **quinto factor** es que todos los éxitos individuales de cualquier tipo de logro por encima de la mediocridad se logran a través del principio de la Mente Maestra, no solo mediante el esfuerzo individual.* La mayoría de los éxitos son el resultado del poder personal, y de un poder personal en proporciones suficientes. Pero elevarse por encima de la mediocridad no es posible sin la aplicación del principio de la Mente Maestra: trabajar con otros para alcanzar un éxito excepcional.

· · · · · · · · · · · · · ·

Elevarse por encima de la mediocridad no es posible sin la aplicación del principio de la Mente Maestra.

· · · · · · · · · · · · · ·

Tuve el privilegio, durante la primera administración del presidente Franklin D. Roosevelt, de ayudarle a él y a su administración a crear quizá la alianza de la Mente Maestra más asombrosa y sobresaliente que jamás haya conocido esta ni ninguna otra nación. El objetivo de esa alianza de Mente Maestra era detener la estampida del temor. Poco después de que Roosevelt asumiera la presidencia, fue necesario cerrar todos los bancos porque las personas estaban en tal estado de temor y querían tener su dinero en la mano que tuvimos que hacer algo drástico. Tuvimos que organizar toda la maquinaria que moldearía la opinión pública del país para que apoyara al presidente, sin parcialidad, sin prejuicios, sin tener en cuenta la afiliación política.

Los seis factores que concurrieron en esa alianza de Mente Maestra son los siguientes:

En primer lugar, ambas cámaras del Congreso trabajaron en armonía con el presidente por primera vez en la historia de esta nación. Tanto el Senado como la Cámara de Representantes trabajaban con uñas y dientes en armonía con FDR. Se olvidaron de las diferencias políticas y se unieron en torno al presidente de los Estados Unidos. Y en aquel momento de emergencia nacional, no había demócratas ni republicanos, solo estadounidenses unidos.

En segundo lugar, se indujo a la mayoría de los editores de periódicos de Norteamérica a eliminar los titulares de "miedo" y reemplazarlos con las mejores líneas acerca de la recuperación económica. Se animó a los medios de comunicación a que escribieran acerca de la recuperación económica en lugar de acerca de la depresión económica. Redactamos noticias apropiadas para los periódicos y las enviamos a todo el país. Y hasta donde yo sepa, ningún periódico se negó a imprimir exactamente lo que enviábamos, sabiendo que lo mejor era que las personas estuvieran informadas, no asustadas.

En tercer lugar, a los operadores de emisoras de radio de los Estados Unidos se les envió material para emitir, y lo usaron tal como se les envió. Apoyaron la idea de la recuperación económica, la iniciativa del presidente, en lugar de provocar el pánico.

En cuarto lugar, las iglesias de todas las denominaciones y las personas de fe lograron apoyar al presidente y su esfuerzo por mantener la estabilidad y se olvidaron de sus diferencias. Fue una de las cosas más hermosas que jamás había esperado ver en toda mi vida. Católicos, protestantes, judíos y gentiles —personas de todas las confesiones— trabajaron juntos; fue magnífico presenciarlo.

En quinto lugar, los dirigentes de los dos principales partidos políticos se reunieron para resolver la grave crisis económica a la que se enfrentaba la nación. No me refiero a los miembros ordinarios; hablo de los dirigentes. ¿Sabías que entre los varios centenares de congresistas y senadores, los verdaderos líderes que gestionan los asuntos de los ciudadanos y son responsables de nosotros son menos de cincuenta personas? Los verdaderos líderes establecen las normas y llevan a cabo las normas. De hecho, logramos que los líderes de ambos partidos políticos apoyaran a FDR. Lo apoyaron al 100%, el tiempo suficiente para detener la depresión, para detener la estampida.

En sexto lugar, lo más magnífico de todo, quizá, es que la mayoría de las personas estadounidenses de todas las tendencias políticas y religiosas, las personas ordinarias, se unieron como una sola. Llegamos a ellos a través de las cinco fuentes de formación de opinión pública que acabamos de mencionar, especialmente la radio, los periódicos y los púlpitos. Si no hubiera sido por la organización de esa maquinaria mediante el principio de la Mente Maestra, nunca se habrían logrado los resultados que el presidente vio durante su primera administración y en todo el país.

Hubo una alianza de muchos millones de personas, que en conjunto produjo un poder como el que los Estados Unidos nunca había presenciado. Y fue suficiente para detener una estampida nacional de temor y evitó lo que de otro modo podría haberse convertido en una catástrofe nacional o en una rebelión de la población.

El valor de los contactos

Andrew Carnegie y su equipo industrial, formado por más de veinte socios empresariales, formaron la Mente Maestra empresarial más destacada y eficaz jamás vista. Ese mismo principio logra el mayor éxito cuando se usan los cerebros, la personalidad y la influencia de otros.

¿Sabes que si tienes los contactos correctos, puedes hacer lo que quieras? En el banco, los negocios, la industria... en casi todos los ámbitos de la vida. Tengo contactos en todos los Estados Unidos y, en cierta medida, en todo el mundo, a través de los cuales puedo conseguir que se hagan cosas para mis alumnos.

Por ejemplo, uno de mis alumnos voló a los Estados Unidos desde la India hace tres o cuatro años, y permaneció aquí seis días. Durante esos seis días, sin salir de mi estudio y solo usando mi teléfono, hice conexiones para él con un gran número de empresas, y consiguió suficientes pedidos y contratos para la venta de materiales en la India que le permitieron hacer un negocio de dos millones de dólares al año siguiente. Por esas conexiones me pagó 2.500 dólares, lo cual me pareció alto, pero él me dijo que era muy bajo al considerar los resultados que obtuvo. Ni siquiera gasté más de $250 en llamadas telefónicas. Esos resultados habrían sido imposibles si no hubiera conocido a las personas en todos los lugares donde estuve llamando por teléfono.

. . . .

Tener los contactos adecuados

en el momento adecuado es

perfectamente maravilloso.

. . . .

Los contactos —tener a alguien en el momento adecuado que se ponga al frente y haga algo por ti—es perfectamente maravilloso. Independientemente de quién seas o a qué negocio te dediques, depende de ti. Es tu responsabilidad establecer contactos amistosos, especialmente en lo que se refiere a la banca. Nunca se sabe cuándo puedes necesitar algo en el banco. Ten un contacto allí, alguien que te conozca. Es sorprendente lo que puedes hacer a través de los contactos.

Alianzas de la Mente Maestra en el hogar

Por cierto, uno de los lugares —quizá el más importante— donde puede usarse mejor la alianza de la Mente Maestra es en el hogar, entre marido y mujer.

Sospecho que he sido responsable de influir en la formación de más Mentes Maestras en el hogar que probablemente cualquier otra persona viva. Y cada vez que oigo que he logrado una hazaña así, me siento orgulloso de ello. He restablecido y revitalizado las relaciones domésticas en miles de hogares.

Me quedé impresionado cuando conocí a la esposa de Henry Ford y oí hablar de los comienzos de la carrera de su marido, en los tiempos en que ella se paraba en la cocina con un cuentagotas, echando gasolina en un aparatito que él había fabricado, mientras él manipulaba una batería eléctrica, procurando que chispeara. Este aparato era un trozo de tubo de 15 cm. Un extremo había sido sellado, y en el otro se había proyectado un pistón. Para propulsarlo usaba gasolina. Esto se conoce ahora como carburador. Había estado intentando encenderlo desde dentro; y tras semanas de esfuerzo, logró que el encendido expulsara el pistón una sola vez. Y así nació una industria que ha alimentado a la tierra, una fortuna que perdurará, una fortuna que ha dado empleo a millones de personas y ha cambiado el modo de vida americano.

Volviendo a la época en la que Henry y Clara Ford trabajaban de aquella humilde manera, ella me habló de una ocasión en la que, mientras él fabricaba aquel primer automóvil, necesitaba piezas de fundición por valor de 30 dólares. Fue a la fundición y las encargó. Y cuando regresó por ellas, le dijo al hombre de la fundición que no tenía el dinero, pero que volvería a final de mes y las pagaría. Pero el hombre de la fundición le dijo: "Oh, no. Yo no te confiaría ni cinco centavos, no para ese maldito aparato en el que estás perdiendo el tiempo. Ni en tu vida. Dinero ahora mismo o nada".

Henry fue a casa y le contó a Clara lo sucedido y ella le dijo:

—Bueno, Henry, tenemos 1.200 dólares en el banco que hemos estado ahorrando con el acuerdo de que solo los usaríamos para construir una casa.

Él dijo: —Sí, eso es. No lo vamos a usar para ninguna otra cosa.

Ella dijo:—Pues no lo uses para nada más, pero toma prestados $30 de esa cantidad y ve a pagarles. Al fin y al cabo, valemos 30 dólares. ¿Verdad?

—Bueno, si lo pones así, supongo que sí.

Así que fue al banco y sacó 30 dólares, prestándose a ellos mismos y consiguió sus piezas. Esto demuestra hasta qué punto Henry Ford carecía al principio del valor necesario para hacer las cosas que quería hacer. Fue la influencia de su mujer, Clara —la influencia del lado femenino de esa alianza de Mentes Maestras—, lo que hizo de la gran industria Ford lo que fue. Y es perfectamente asombroso —¡milagroso!— lo que puede ocurrir cuando la esposa de un hombre lo apoya como Clara apoyó a su marido.

Resulta que conozco la vida íntima de Thomas A. Edison y de la Sra. Edison, y allí ocurría lo mismo. El Sr. Edison decía que la inmensa mayoría de sus inventos se debían a la continua alianza Mente Maestra de su mujer, Mina. Él solía trabajar hasta muy tarde por la noche, y cuando volvía a casa, sin importar la hora, ella siempre estaba levantada esperándolo y le tenía preparado leche caliente y pan tostado. Eso era más o menos todo lo que él podía tomar por la noche. Luego se sentaban y, antes de irse a la cama, él repasaba con ella sus experimentos, le contaba cuáles habían sido sus problemas. En otros palabras, repasaban el trabajo de todo el día, y ella lo hacía de tal manera que le infundía valor para seguir adelante cuando las cosas se ponían muy difíciles.

Los motivos para una alianza de la Mente Maestra

Hay dos tipos generales de alianzas de la Mente Maestra:

- *Número uno, alianzas por motivos puramente sociales o personales,* formadas por parientes, amigos y consejeros religiosos, en las que no se busca ningún beneficio material. La más importante de este tipo, por supuesto, es la alianza de la Mente Maestra entre marido y mujer.

- *Número dos, una alianza para el progreso empresarial o profesional,* formada por individuos que tienen un motivo personal de naturaleza material o financiera relacionado con el objeto de la alianza.

Tiene que haber un motivo. No puedes tener una alianza de Mente Maestra sin que cada miembro individual tenga siempre un motivo. Debes lograr algo con ello. No puedes formar una alianza de Mente Maestra y usar el cerebro, y la experiencia, y la amistad, y el amor y el afecto, y tal vez incluso el capital de otra persona sin lograr algo a cambio. Aunque alguien esté dispuesto a darlo durante un tiempo, no lo aceptes. No aceptes nada de nadie a menos que estés dando a cambio algo de valor equivalente de un modo u otro. Tenlo en cuenta. Simplemente no lo hagas. Porque si lo haces, la relación se acabará antes o después. Me propuse no recibir nunca, nunca, favores de nadie sin devolver esos favores. Es un buen hábito que todos habrían de seguir.

Formando y manteniendo una alianza de la Mente Maestra

Ahora comparto contigo las instrucciones para formar y mantener una alianza de la Mente Maestra.

En primer lugar, adopta un *Propósito Principal Definitivo como objetivo a obtener por la alianza.* Elige miembros individuales cuya formación, experiencia e influencia aporten el mayor valor para lograr tu propósito. Ten cuidado acerca de los aliados de la Mente Maestra que elijas. Si te equivocas y eliges a alguien que no encaja, harás lo mismo que si estuvieras en el negocio de las manzanas y abrieras una caja y encontraras una podrida en medio. Tienes que quitar muchas de las buenas hasta lograr la podrida; si no lo haces, contaminará todas las demás. No tengas a nadie en tu alianza Mente Maestra que no esté en sintonía contigo y con todos los demás de la alianza. Si dos aliados de tu alianza de Mente Maestra no están en sintonía, deshazte de uno u otro, o deshazte de ambos si es necesario y sustitúyelos por otros que trabajen en tándem con la alianza.

En segundo lugar, determina qué beneficio apropiado puede recibir cada miembro a cambio de su cooperación en la alianza, y procura que cada uno lo consiga. Aunque no lo pidan, encárgate de que lo consigan de todos modos, si ganan algo y sabes que lo han ganado, sabes que esa persona es un activo. No robes a nadie por su ignorancia. Procura que consigan todo a lo que tienen derecho, y quizá un poco más.

En tercer lugar, establece un plan definitivo mediante el cual cada miembro de tu alianza de Mente Maestra contribuirá a trabajar para lograr el objetivo de la alianza. Y establece una hora y un lugar definidos para discutir mutuamente el plan: una hora y un lugar de reunión regulares. La indefinición trae la derrota. Mantén un medio de contacto regular entre todos los miembros de la alianza.

Las grandes corporaciones de todo tipo que tienen éxito celebran reuniones periódicas de sus aliados de Mente Maestra. Las llaman consejos de administración. Un individuo necesita un consejo de administración si aspira a algo por encima de la mediocridad, igual que un banco o una empresa industrial. Necesitamos rodearnos de muchas personas que puedan hacer cosas que nosotros no podemos hacer.

El Sr. Carnegie me dejó boquiabierto una vez cuando dijo: "Nunca hagas algo que puedes conseguir que otro haga mejor que tú". El Sr. Carnegie también me sorprendió de otra manera. Dijo: "Los aliados de la Mente Maestra que tengo son enteramente responsables de mi fortuna". Dijo: "Yo personalmente no sé nada acerca de la fabricación ni de la venta de acero. Pero en mi grupo de la Mente Maestra están todos los conocimientos que existen acerca de la fabricación y el mercadeo del acero.

Le dije: —Bueno, ¿cuál es su parte, Sr. Carnegie?

Me contestó: —Me alegro de que me lo preguntes, y te sorprenderás cuando te diga cuál es mi papel. Mi parte es mantener a estos chicos trabajando juntos en un espíritu de armonía. Eso es todo. Ellos saben lo que deben hacer, pero yo mantengo la armonía.

Le pregunté: —¿Alguna vez has tenido que echar a algún aliado del grupo de Mente Maestra?

—En toda mi vida—, dijo, —tres; solo tres en toda mi vida.

En cuarto lugar, es la responsabilidad del líder de la alianza —tú— velar por que prevalezca la armonía de propósitos entre todos los miembros y por que se mantenga constantemente la acción para llevar a cabo el objeto del plan adoptado. Ese es tu propósito principal. La consigna de la alianza debe ser definitivamente el plan y el propósito, respaldados continuamente por una armonía perfecta. La mayor fuerza de una alianza de este tipo consiste en el encuentro perfecto de las mentes de todos sus miembros. Los celos, la envidia o las fricciones, así como el desinterés de cualquiera de los miembros, acarrearán una derrota casi segura.

En quinto lugar, el último pero no por ello menos importante, el número de individuos de una alianza debe regirse totalmente por la naturaleza del propósito que se pretende obtener. En algunos casos, esa naturaleza puede ser: "Como contador, estoy totalmente de acuerdo con el propósito principal" o "Soy su esposa". Elige un grupo de alianza de Mentes Maestras que sea suficiente para llevar a cabo tu objetivo.

Puede que necesites una persona, una docena o veinte, dependiendo totalmente de la naturaleza del objetivo y de lo que haya que hacer para su obtención. Naturalmente, te rodearás de las personas capaces de hacer las cosas que quieres hacer y quizá cosas que no podrías hacer tú solo.

La Mente Maestra en acción

Una persona que podía hacer muy poco por sí misma descubrió este principio por su mala fortuna, pero para su buena fortuna, hizo que esta filosofía funcionara. Era un granjero que se ganaba la vida con muy poco en una pequeña granja cerca de Fort Atkinson, Wisconsin. Cuando llegó a la mediana edad, sufrió una doble parálisis y quedó totalmente inválido. Mientras yacía en su cama, hizo un descubrimiento profundo: su mente no se había visto afectada por la parálisis. Así que empezó a explorar esa mente y descubrió en ella una idea que estaba destinada a ayudarle a convertir su pequeña granja en fabulosas riquezas.

Llamó a su familia a su cama y les habló de su descubrimiento y les ordenó que se unieran a él en la alianza de Mente Maestra que necesitaba para convertir su idea en dinero. Les dijo: "Quiero que planten cada hectárea de nuestra tierra con maíz.

Ese hombre era Milo C. Jones, y vivió para ver cómo su idea y su aplicación del principio de la Mente Maestra le hacían ganar una gran fortuna, porque sus salchichitas de cerdo se convirtieron en un producto muy conocido en Norteamérica. Hoy, Jones Dairy Farm es una empresa familiar de séptima generación: ¡más de 130 años de éxito!

La primera y máxima alianza

El primer grupo de la Mente Maestra que necesitas formar es el que está dentro de tu mente. Una alianza de la que no puedes prescindir procede del interior, forjando una conexión con todas las facetas de tu yo interior y desarrollando tu propio grupo de apoyo interno.

Lo que sigue es la historia de cómo surgió el éxito de ventas "*Piense y hágase rico*".

Le dije a mi editor —mi primer editor— en 1928: "Estoy dispuesto a conferirte un honor y un beneficio solo superado por el que me confirió Andrew Carnegie al permitirte ser el primer editor de mi primera obra". Parafraseando esa afirmación, estoy dispuesto a decir que cuando calificas y te alineas con esta gigantesca tarea con alcance mundial y llevas a cabo la misión con buena confianza y de buena fe, tienes una oportunidad mucho mejor a este nivel de lograr de la vida lo que quieras que la que yo tenía cuando empecé con Andrew Carnegie, porque todo el trabajo preliminar ya está hecho.

He conocido a muchos autores maravillosos en muchos campos que agotaron la suela de sus zapatos y su paciencia procurando que se publicaran sus libros o su material, pero nunca llegaron a la primera base. Y solo una vez en toda mi vida — solo una vez—sentí la necesidad de buscar un editor. Después de publicar mis primeras obras, los editores me hacían sus mejores ofertas para poder pasar por mi puerta.

Los libros se publicaron primero en los Estados Unidos. Alguien envió un ejemplar de *Piense y hágase rico* a Mahatma Gandhi en la India. Le pareció tan bueno que quiso distribuirlo ampliamente por toda la India, porque quería acabar con el maldito sistema de castas de aquel país. Pero antes de hacer nada, envió un emisario a los Estados Unidos, y me pusieron bajo vigilancia las veinticuatro horas del día durante tres meses. Querían saber si yo era un impostor, un fraude, un escritor fantasma o de verdad auténtico.

Contrataron a la Agencia de Detectives Pinkerton. Recuerdo que una noche yo estaba entreteniendo a una dama joven en el famoso Stork Club de Nueva York... o quizá el "infame" Stork Club. El hombre que me seguía no podía conseguir una mesa lo bastante cerca para oír lo que pasaba, por lo tanto emplearon a un lector de labios. A tres mesas de distancia, este lector de labios anotó cada palabra que decíamos mi invitada y yo. Me alegré de estar diciendo lo correcto.

Más tarde, uno de los hombres que me siguieron durante aquella campaña se convirtió en alumno mío, y nos hicimos amigos. Un día me dijo: "Esto es demasiado bueno para guardármelo para mí". Entonces me enseñó una pila de informes que se habían escrito acerca de mí. No había ni un solo error en toda la pila. Fue el trabajo de reportaje más maravilloso que he visto en mi vida. Después de que Mahatma Gandhi recibiera y leyera el informe, ordenó que se publicaran los libros en la India.

Después de eso, *Piense y hágase rico*, y posteriormente todos los libros que he llegado a publicar, fueron tomados por una editorial de Brasil, traducidos a la lengua portuguesa y distribuidos ampliamente por todo Brasil y todos los países en los que se habla predominantemente la lengua portuguesa.

Después, el libro se publicó en Canadá, luego en Australia, España y Japón. Te digo que el poder que respalda esta filosofía es un poder milagroso. Estoy bastante seguro de que he tenido algún ayudante invisible y poderoso a lo largo del camino que me ha mantenido vivo y me ha hecho seguir adelante en el perfeccionamiento y la preparación de esta gran filosofía para llevarla a las personas.

Tengo un sistema maravilloso para aplicar esta filosofía en mi propia vida. Y creo que te interesará saber en qué consiste este sistema, y tal vez quieras adoptarlo, o algunas partes de él. No es accidente que a los ochenta y un años tenga la buena salud que tengo. Estoy en buena forma, mental y físicamente. No es accidente que tenga, materialmente hablando, todo lo que necesito en este mundo y que lo tenga en abundancia.

Y si necesitara más, solo tengo que extender las manos y cerrarlas, y llega porque ya me lo he ganado. Eso no es accidental. Surgió como resultado de un sistema que tengo para tratar conmigo mismo, Napoleon Hill. Y quiero decirte que él ha sido el bribón más difícil de tratar. Literalmente tuve que formarlo de nuevo. Y creo que si eres sincero contigo mismo, encontrarás lo mismo en tu caso. Tu problema más difícil es poner y mantenerte bajo control.

· · · · · · · · · · · · · · ·

Nuestro problema

más difícil es poner y

mantenernos bajo control.

· · · · · · · · · · · · · ·

Guías invisibles

Bueno, antes de contarte en qué consiste mi sistema, quiero hablarte de uno de mis aliados más interesantes en la Mente Maestra: el Dr. Elmer R. Gates, de Chevy Chase, Maryland. Andrew Carnegie conocía al Dr. Gates y su maravilloso sistema para recurrir a los poderes invisibles del universo, y me envió a ver al Dr. Gates con una carta de presentación. Cuando llegué, le presenté mi carta y su secretaria me dijo: —Bueno, lo siento, pero el Dr. Gates no está disponible durante las próximas tres horas. Ahora está sentado para ideas.

Le dije: —¿Disculpe?

—Ahora está sentado para obtener ideas—.

Dije: —¿Dónde está sentado?—. Miré a mi alrededor.

—Bueno —dijo— solo el Dr. Gates podría responder a esa pregunta. Tiene una habitación secreta en la que desaparece cuando quiere sentarse para obtener ideas. Puede volver dentro de tres horas o puede esperar si desea.

—Voy a esperar. No quiero salir de aquí hasta que vea al Dr. Gates.

Al cabo de unas dos horas y media, salió y le conté acerca de mi conversación con su secretaria. Me preguntó: —¿Te gustaría ver dónde me siento para obtener ideas?

Le contesté: —Por supuesto que sí—, y me llevó a una habitación de unos 3.5 x 3.5 m, cuyas paredes habían sido aisladas para evitar el ruido, en la que solo había una mesa contra la pared y, por encima de la mesa, un interruptor eléctrico; sobre la mesa, un montón de blocs de notas y algunos lápices.

Este gran inventor y científico de probada eficacia me explicó que cuando quería resolver un problema y había una cantidad desconocida X que no había encontrado, se metía en su sala de concentración, apagaba las luces, desconectaba el sonido y concentraba su mente en lo que quería. A veces consigue la respuesta en cuestión de minutos, a veces en cuestión de horas; de vez en cuando, ni eso. Sentado esperando ideas —dejando que su mente subconsciente se ponga en contacto con la fuente de conocimiento necesaria para darle la respuesta a su problema—, con ese método ha creado más de 250 inventos que han sido registrados en la Oficina de Patentes de Estados Unidos.

Me intrigó el experimento del Dr. Gates, porque si no hubiera sido un hombre de grandes logros, le habría tachado de "chiflado de pelo largo", como a veces lo llamábamos. Por el contrario, era un hombre de grandes logros, y siempre puedo aprender de alguien que ha hecho más que yo en la vida. Empecé a estudiar el tema de la ESB y se me ocurrió un sistema propio, que ahora me gustaría describirte.[2]

En primer lugar, creé entidades invisibles. Las llamo mis "guías invisibles", cada una de ellas asignada para hacer por mí automáticamente, día y noche, un trabajo que necesito tener hecho para llevar a cabo mi objetivo en la vida.

El número uno de estos guías invisibles es el guía a la **buena salud física.** El trabajo de este guía es mantener mi cuerpo eternamente en buena forma. En cuanto me acuesto por la noche y me voy a dormir, se pone a trabajar en mí. Y cuando me levanto por la mañana, me siento como un millón de dólares, o quizá dos o tres millones, según en qué esté pensando. No debo entrar en detalles en cuanto a si está haciendo un buen trabajo o no. Solo he estado enfermo una vez en mi vida —realmente enfermo—, por lo que sabes que he tenido un sistema poco habitual para mantener mi cuerpo sano. Si los médicos tuvieran que depender de hombres como yo para ganarse la vida, tendrían que cambiar de profesión; de verdad lo tendría que hacer.

Número dos es el guía a la **prosperidad financiera,** lo cual me ha colocado en una posición en la que no necesito nada en absoluto de naturaleza material que no pueda comprar. No tengo deudas, ni hipoteca sobre nuestra casa o nuestro auto. No compro nada a plazos. Tenemos fondos en muchas instituciones diferentes; ni siquiera podría nombrarlas todas. No somos tan ricos como Carnegie, pero somos tan ricos como necesitamos serlo. Tenemos suficiente seguridad absoluta en la vejez, por lo que nos produce un sentimiento maravilloso saber que, cuando llegue la vejez, no tendremos que ir al asilo de pobres ni depender de parientes. El guía a la prosperidad financiera está haciendo todo esto.

*Número tres es el guía a la **paz mental**.* El trabajo de este guía es mantener mi mente eternamente libre de todas las causas y efectos del temor y la preocupación. El temor y la preocupación han matado a más personas con y sin talento que todos los otros temas juntos. Yo no tengo ningún temor. Solía tener un gran número de ellos antes de adoptar este sistema, pero ya no los tengo. Han desaparecido todos.

*Los siguientes dos son gemelos—los guías a la **esperanza** y la **fe**.* Me dan esperanza para lo que va a ocurrirme en el futuro en relación con mis objetivos y propósitos, y respaldan esa esperanza, esa fe en mi capacidad para lograrlo. Y quiero decirte que están haciendo un buen trabajo. Mis esperanzas no son solo una cuestión de estirar la mano en el aire y bajar algo que me gustaría hacer. No solo he respaldado mis esperanzas con fe, sino que tenemos un plan muy cohesionado y bien organizado. Estamos llevando a cabo ese plan, y tú estás llegando a ser parte de él. Eres una parte muy poderosa e importante de ese plan.

*Los siguientes dos también son gemelos—los guías al **amor** y **romance**.* Y cuando hablo de amor, hablo de esa gran emoción en su aplicación más amplia y divina. Amor y romance. Puedo encontrar romance en todo lo que se cruza en mi camino, sea agradable o desagradable. Si es desagradable, romanceo con la idea de que encontraré esa semilla de beneficio equivalente y haré uso de ella.

Amor: ¡qué maravilloso es tener un sentimiento de amor en el corazón! En algunas ocasiones se me ha acusado de llevar esta emoción hasta el extremo, pero yo no lo creo así. Por ejemplo, la Sra. Hill y yo viajábamos en auto por las montañas de California hace unos diez años. Vimos a un lado de la carretera una enorme víbora de cascabel, enroscada y lista para atacar. Mi esposa dijo: —Atropéllala. Mátala—. Pues no la atropellé. Di la vuelta y la esquivé por completo.

Me preguntó: —¿Por qué no la mataste?".

Le contesté: —Querida, la razón por la que no la atropellé es que está en su propio terreno, ocupándose de sus propios asuntos, y eso es exactamente lo que tú y yo vamos a hacer. No vamos a matar algo que no nos concierne".

Y esa es la actitud que adopto ante una víbora de cascabel o cualquier otra cosa. Si no intenta molestarme a mí o a mis amigos, no la molesto. En otras palabras, he cambiado toda mi actitud, no solo hacia las personas, sino hacia toda criatura viviente sobre la faz de la tierra.

No soy tan extremista como uno de los profesores de la Universidad de Harvard. Cuando di charlas allí en 1922, conocí a uno de los profesores que me pareció un tanto chiflado. Una tarde paseábamos por una zona pantanosa del campus, donde abundaban los mosquitos. Uno de ellos se prendió en su mano y empezó a penetrar su piel. Alargué la mano para pegarle y él dijo: —Oh, no le pegues. También tiene que vivir.

Le dije: —Será mejor que no dejes que tu mosquito me alcance la mano, profesor, porque seguro que le doy un buen manotazo.

El siguiente es un miembro recién adquirido de mi familia imaginaria. *Es el guía a la* **paciencia**. Lo adquirí durante los últimos diez años con experiencias que requerían mucha paciencia. Esa es una cosa que puedo contar que he logrado de esos diez años y que ha sido beneficiosa: la paciencia. La paciencia te permite programar las cosas adecuadamente, no plantar una semilla hoy y volver mañana a desenterrarla para ver si germina o no. Si plantas tu semilla con fe, en el tipo de suelo adecuado, en el momento adecuado del año, y sabes que la semilla es buena, puedes olvidarte de ella porque la naturaleza se encarga en ese momento. Y por cada semilla de trigo que pongas en la tierra en las circunstancias adecuadas, la naturaleza te devolverá quinientos o seiscientos granos para compensarte por tu inteligencia. Y también funciona con otras plantas.

*El número nueve es el guía a la **sabiduría general**.* El trabajo de este guía es mantenerme beneficiado por cada experiencia que toca mi vida, sea buena o mala, positiva o negativa. Todo lo que toca mi vida me es útil. Le saco algún provecho. Si es una experiencia desagradable, procuro rodearme de la protección suficiente para que no vuelva a ocurrir lo mismo. Y créeme, todos necesitamos ese tipo de protección. Me gusta recordar ese proverbio chino tan interesante que dice: "Si un hombre me hiere una vez, la vergüenza es suya. Pero si ese hombre me hiere dos veces, la vergüenza es mía".

*Y el último de mis diez guías es mi **embajador rodante**,* cuyo trabajo consiste en hacer las cosas que no se han asignado específicamente a los otros nueve. Este es interesante; se llama "Norm Hill", una combinación del apellido de soltera de mi esposa y el mío. Como mi embajador rodante, su trabajo es... Por ejemplo, estoy en mi automóvil manejando hacia el centro de la ciudad. Hoy en día, en casi todas las ciudades, es difícil conseguir un lugar para estacionarse. Pero nunca tengo problemas para encontrar estacionamiento cuando lo necesito porque envío a Norm Hill con antelación, y él ya tiene un lugar libre para mí cuando llego.

Hace un par de años, le estaba hablando a uno de mis vecinos de ese tal Norm Hill, y me dijo: —Vaya, ¡qué interesante!

Le dije: —Por cierto, si quisiera ir al banco el viernes por la tarde, cuando los bancos cierran a la una, y solo tuviera unos minutos para llegar, y no tuviera tiempo de ir al estacionamiento (que está a cuatro o cinco manzanas del banco donde hago negocios), mandaría a Norm Hill por delante. Cuando yo llegaba, él tendría un sitio para estacionarme justo delante del banco.

·   Pues bien —dijo mi vecino—, eso me recuerda que tengo que ir al banco. ¿Está bien? Déjame ver cómo trabaja Norm Hill.

Le dije: —Sube, no tenemos mucho tiempo—. Conduje bastante deprisa, y cuando estábamos delante del Banco Nacional de Carolina del Sur, efectivamente, no había sitio para estacionar el auto. Ambos lados de la calle estaban llenos. Detuve el automóvil a unos tres metros de la fachada del banco.

El vecino dijo: —¡Ajá! Bueno, parece que Norm Hill vino a pie. Y me di cuenta de que manejaste muy rápido.

Le dije: —No te preocupes por Norm Hill. Llegará a tiempo.

Y en el tiempo que has estado leyendo esa historia, un hombre salió del banco, se subió a un automóvil justo delante del banco y se marchó. Llegó otro hombre, se subió a un automóvil y se marchó. Entonces quedaron dos plazas libres.

Le dije: —¿Lo ves? Una para compensar mi inteligencia y otra para demostrarte que deberías pensártelo dos veces antes de criticar a Norm Hill.

Otros historias que son pruebas positivas

Pronuncié un discurso para los gerentes de W. Clement Stone en Miami, Florida, y les describí, como he descrito para ti, mis diez guías invisibles. Cuando llegué a Norm Hill, deberías haber escuchado reír a aquellos hombres. Les pareció terriblemente divertido. Y yo diría que al cabo de seis meses, cada uno de aquellos hombres estaba usando el mismo plan. Y no solo lo usaban para lograr cosas tan insignificantes como un lugar para estacionarse. Estaban enviando a sus vendedores a acercarse "en frío" a toda persona con quien se encontraban para tratar de hacerlos clientes.

Los vendedores enviaban a Norm Hill por delante para hablar con la persona a la que iban a entrevistar y venderle antes de siquiera haber conocido a la persona. Eso es asombroso. Cuando estos vendedores empezaron con ese plan, estaban ganando un promedio de 175 a 200 dólares a la semana. Al cabo de un año, estaban promediando entre 250 y 500 dólares semanales, totalmente porque Norm Hill había cambiado sus mentalidades. Cuando se acercaban a un posible cliente, no escuchaban la palabra "no"; simplemente seguían hablando. La mayoría de los vendedores saben cuándo alguien va a decir "no" incluso antes de que lo diga. Captamos su actitud mental, y esta se refleja en nosotros como la nuestra. Pero cuando enviamos a Norm Hill por delante y esperamos un "sí", esa actitud afirmativa emanará de nosotros y afectará también al prospecto.

. . . .

Espera un "sí" y tu actitud afirmativa afectará a tu prospecto positivamente.

. . . .

De joven trabajé de cajero en un banco. Cuando un hombre abría la puerta y se dirigía a mi puesto, yo podía saber si esperaba conseguir lo que buscaba o no. Desde luego que podía. Lo sabía siempre por su forma de andar, por cómo miraba brevemente a su alrededor y por su intento de entablar una conversación inútil conmigo después de llegar al mostrador y antes de presentar el cheque: todos eran intentos de distraerme.

Si comprendes estos principios que estás aprendiendo, podrás tratar con la gente en cualquier momento y lugar. Estamos a punto de conquistarlo todo en el universo. Estamos intentando conquistar el ultraterrestre. Casi hemos hecho todo lo posible para descubrir los poderes de la naturaleza, pero hay un objetivo aún no resuelto que no hemos obtenido: cómo vivir unos con otros.

Uno de los mayores beneficios de esta filosofía para ti y para aquellos con los que te relacionas y para el mundo que te rodea es enseñar a la gente cómo vivir unos con otros según el principio de la Mente Maestra, para que tú y ellos tengan más alegría de vivir. Ellos, como tú, tendrán más prosperidad, mejor salud y harán de este un país mejor en el cual vivir.

Abundan las historias sobre la aplicación exitosa del principio de la Mente Maestra, entre las que se incluye el siguiente: Justo después del final de la Primera Guerra Mundial, un joven ex soldado que luchó en aquella guerra vino a mi despacho y me pidió que lo ayudara a encontrar trabajo. Dijo que lo único que quería era un lugar donde dormir y algo para comer. Bueno, si alguna vez vi a un hombre dispuesto a conformarse con la vida por un centavo, ese era él. Por lo tanto, lo acepté como un desafío a mi propia capacidad para elevar a las personas de los lugares más bajos a los más altos del mundo.

Durante dos horas, trabajé con este joven hasta que le hice levantar la vista y apuntar no a un simple boleto para comer, sino a la riqueza en gran abundancia. Yo sabía entonces, como sé ahora, que nadie tiene derecho a buscar una gran riqueza ni ninguna otra cosa sin dar a cambio algo de un valor equivalente. Durante mi charla de dos horas con este joven ex soldado, hice un inventario completo de todo lo que él tenía para dar a cambio de una gran riqueza, y quizá te sorprenda cuando te diga lo poco que era. Descubrí que, durante su experiencia en el ejército, había aprendido a cocinar y que, antes de entrar en el ejército, había vendido con éxito cepillos de casa en casa. Por lo tanto, me puse a trabajar con estas dos escasas ventajas y las moldeé en un plan mediante el cual el joven empezó a vender baterías de cocina de aluminio con un método muy singular.

Él visitaba un vecindario, seleccionaba al ama de casa más apropiada y la animaba a invitar a sus vecinas a una comida gratuita, que el joven preparaba en sus sartenes especiales de aluminio. Una vez servida la comida, concertaba citas con las invitadas para ir a sus casas y hablarles acerca de la compra de sus productos. Llegó a ser tan eficiente vendiendo con este "método del olfato" que vendía a un promedio del 50% de todas los invitadas que asistían a la cena.

Lo llevé a mi casa y le facilité una habitación y sus comidas mientras se iniciaba en el negocio. Luego le garanticé el pago de su primera compra de batería de cocina de aluminio; y para darle la presentación física que necesitaba como vendedor, le di permiso para usar mi cuenta de gastos en una tienda de ropa local. También le di una pequeña cantidad de dinero de bolsillo, que necesitaba para pagar por su transportación y cosas por el estilo. Mi desembolso total antes de que este joven pudiera seguir adelante por su cuenta fue solo de unos cientos de dólares. Permaneció en mi casa durante aproximadamente un mes, y luego se cambió a otro vecindario. Solo le vi de forma intermitente durante el año siguiente. Después, no supe nada de él durante tres años, hasta que un día entró en mi despacho y anunció que había regresado para pagar lo que yo había hecho por él.

Me dijo: —Deseo reembolsarle el dinero que me adelantó. Además, deseo darle una suma de dinero de cualquier cantidad que usted indique como muestra de mi agradecimiento, por lo que hizo por mí en un momento en que yo no tenía derecho a tal ayuda de un simple extraño,

Entonces sacó de sus bolsillos libretas de depósitos bancarios. Debía de tener al menos cincuenta cuentas bancarias diferentes en igual número de ciudades distintas.

—¿Cuánto representan todos estos en dinero? —inquirí.

—Pues un poco más de 4 millones de dólares —respondió. A continuación me entregó un cheque en blanco que había firmado y me dijo: —Llénelo con la cantidad que desee y yo me encargaré de que no rebote.

Mi primer impulso fue devolverle el cheque y decirle que ya me había compensado por haber descubierto a un joven tan honesto, pero reconocí que él había regresado a verme con toda la intención de hacerme una demostración dramática del poder del principio de la Mente Maestra que yo había usado con tanto éxito en su favor. Así que no tuve deseos de quitarle el viento de sus velas negándome a aceptar su dinero. Llené el cheque con la cantidad de 10.000 dólares.

Forja la cadena

Para formar tu propio grupo de Mente Maestra, adopta un propósito definitivo que deba obtener la alianza. Elige a miembros cuyos antecedentes ayuden a lograr ese objetivo. A continuación, haz que todos los miembros del grupo analicen su propósito y enumeren lo que se necesita para su obtención. A continuación, suple sistemáticamente los eslabones que forjan la cadena.

. . . .

Es imposible dar demasiada importancia a la armonía si quieres que una alianza tenga éxito.

. . . .

Cada miembro de la alianza debe aportar una contribución distintiva y singular para completar el cuadro. No elijas a las personas principalmente porque las conoces y te caen bien; debes guiarte en tu elección por lo que necesitas. Si necesitas dinero para financiar el acuerdo, elige a una persona que tenga dinero para invertir. Debes encontrar a esta persona y cultivar su voluntad de cooperar contigo. Es imposible dar demasiada importancia a la armonía si quieres que una alianza tanga éxito. Para ello, determina qué beneficio apropiado puede recibir cada miembro a cambio de cooperar en la alianza.

Establece un lugar definido, una hora definida y un plan definitivo para la reunión. Las reuniones deben programarse con frecuencia e intercambiarse los números de teléfono, por lo tanto, es posible discutir cualquier acontecimiento con el grupo en pocos minutos.

Y recuerda que la frase de cabecera de la alianza debe ser siempre la *Definitividad de Propósito*, respaldada por una armonía perfecta y una acción coherente. El poder de la creencia es importante para cualquier empresa, pero especialmente para el grupo de Mente Maestra.

En el próximo capítulo, descubrirás el poder de la Fe Aplicada y cómo hacer que funcione en tu propio plan para obtener logros personales.

CAPÍTULO 3

FE APLICADA

La Fe Aplicada es el tercer principio y es llamada la dinamo de esta filosofía de la Ciencia del Logro Personal porque facilita la acción. La Fe es el estado mental en el que relajas tu propia razón y fuerza de voluntad, abriéndote completamente a la entrada de poder de la Inteligencia Infinita o la Fuerza Cósmica del Hábito de la cual hablaremos más adelante. Cuando aplicas la Fe, aceptas la orientación de esta Inteligencia Infinita. Entregar los problemas a esta orientación puede resultar difícil, hasta que te des cuenta de que, si lo permites, la fuerza creativa de todo el universo puede ayudarte en todos tus esfuerzos.

La fe es una actitud mental en la que la mente se libera de todos los temores y dudas y se dirige hacia la obtención de algo definitivo mediante la ayuda de la Inteligencia Infinita. La fe es un medio por el cual podemos aprovechar y recurrir a voluntad al poder de la Inteligencia Infinita. La fe es una guía interior, pero nada más. No te traerá lo que deseas, pero te mostrará el camino por el que puedes ir tras lo que desees.

La fe actúa a través de las células cerebrales de la mente subconsciente, actuando el subconsciente como la puerta entre la mente consciente y la Inteligencia Infinita. Mantén abierta esa puerta. Mantenla libre de limitaciones autoimpuestas, porque la Inteligencia Infinita no reconoce ninguna realidad como las limitaciones, excepto las impuestas por un individuo y las que instan a una evasión o una suspensión de las leyes naturales. Para aplicar tu fe, necesitas despejar todas las dudas y temores de tu mente, y luego dirigirla hacia la obtención de algo definitivo. Si lo permites, la ayuda llegará.

Toda persona tiene el poder de condicionar la mente para la expresión de la fe. Toda persona tiene este poder, porque el Creador le ha provisto de un control total sobre su propia mente. De hecho, esta es la única cosa sobre la que cualquier persona tiene pleno control.

· · · · · · · · · · · · · ·

Los pensamientos de opulencia y abundancia traen prosperidad: tu mente atrae lo que tu mente ha sido condicionada a atraer.

· · · · · · · · · · · · · ·

Aquí nos codeamos una vez más con el secreto supremo de todos los grandes logros, y aquí tenemos el lugar apropiado para llamar la atención acerca de otra gran verdad relacionada con el poder de la mente, a saber, que la mente atrae aquello en lo que se concentra. Los pensamientos de pobreza y fracaso atraen pobreza y fracaso, tan infaliblemente como la noche sigue al día. Y los pensamientos de opulencia y abundancia traen prosperidad con la misma certeza. En otros términos, la mente atrae hacia nosotros lo que nuestra mente ha sido condicionada a atraer.

La inmensa mayoría de las personas mantienen la mente enfocada en todas las cosas que temen y no desean, incluyendo el temor a la pobreza, a la mala salud, a la crítica, a la pérdida del amor y el afecto de alguien, y a la vejez. Estos temores tienen una extraña forma de materializarse. Las personas que han encontrado el camino para lograr el éxito mantienen sus mentes enfocadas en las cosas que sí desean. Y mediante su pensamiento, condicionan sus mentes para la expresión de ese misterioso poder conocido como Fe.

Se ha dicho que la Fe es la motivación principal del alma, a través del cual nuestros objetivos, deseos, planes y propósitos pueden hacerse realidad. Parece un asunto indefinido, pero hay algunos fundamentos que puedes usar para desarrollar el poder de la Fe.

Ocho fundamentos que edifican la fe

En primer lugar, la *Definitividad de Propósito respaldada por la iniciativa personal o la acción.* No hay mayor demostración del poder de la Fe que decidir lo que vas a hacer —decidir en tu propia mente que vas a hacerlo, sin importar cuántas cosas o cuántas personas se interpongan en tu camino, cuánto tiempo lleve o lo que tengas que pagar para hacerlo— y formar un plan definitivo y proceder donde estás a llevar a cabo ese plan, tanto si en ese momento es favorable como si no lo es. Ese es el fundamento número uno.

No seas como la congregación que, cuando el predicador anunció que iba a predicar el domingo por la mañana para que lloviera y todos acudieron a escuchar su maravilloso sermón, pero nadie trajo paraguas. El predicador dijo a la congregación: "Este es un público estupendo. Voy a predicar acerca de conseguir que llueva, y nadie trae paraguas. Será mejor que vayan a casa. La lluvia no vendrá si no creen que vendrá". Hay mucho en esa afirmación. Tienes que aprender a confiar en tu creencia. Por ejemplo, si empiezas queriendo ganar un millón de dólares y no tienes ni diez centavos, pero tienes un objetivo y un plan para conseguirlo, más vale que te hagas creer que vas a ganar un millón de dólares o lo más probable es que no lo consigas.

En segundo lugar, otro factor, o fundamento, de la Fe Aplicada es mantener una mente positiva, libre de todo lo negativo, como el temor, la envidia, el odio, los celos y la codicia. Recuerda que la actitud mental determina la eficacia de la Fe. Tu actitud mental determina la eficacia de tu Fe. Y recuerda también que la actitud mental es lo único en este mundo sobre el cual tienes control. Eso es asombroso e importante en relación con este tema. Cuando llegues a punto de reconocer esta verdad y empieces a aplicarla, cambiarás por completo los asuntos de tu vida. Podrás alcanzar tus objetivos con menos esfuerzo que antes, y podrás despojarte de todas las fuentes de preocupación y temor.

En tercer lugar, el siguiente fundamento de la Fe es desarrollar y mantener una alianza de Mente Maestra con una o más personas que irradian valor basado en la Fe y que sean los indicados mental y espiritualmente para llevar a cabo un propósito determinado. La razón para formar una Mente Maestra formada por personas compatibles mental y espiritualmente con tus necesidades es que las personas con las que te asocias tienen una determinada actitud mental que es contagiosa y estás destinado a captarla a pesar de todo lo que puedas hacer. Si te relacionas cada día con personas que tienen una Fe perfecta y una mente positiva, no tendrás problemas para lograr lo que te propongas. A menudo estamos tan cerca de nuestros problemas que no somos capaces de ver el bosque a través de los árboles.

El cuarto es el reconocimiento del hecho de que toda adversidad lleva consigo la semilla de un beneficio equivalente; que la derrota temporal no es un fracaso hasta que y a menos que se haya aceptado como tal. Creo que uno de los aspectos más importantes a la hora de mantener la Fe Aplicada es reconocer que, por muchas adversidades que afrontes, hayas afrontado o afrontarás en el futuro, cada angustia, revés, fracaso, derrota y adversidad

—independientemente de su naturaleza— lleva consigo la semilla de un beneficio equivalente. Si estás desarrollando en tu mente el poder de usar la Fe Aplicada cuando se presentan estas adversidades o circunstancias desagradables, en lugar de gemir y lamentarte por ellas, en lugar de desarrollar complejos de inferioridad como resultado de las mismas, empiezas inmediatamente a buscar la semilla de un beneficio equivalente.

Imagina que tienes una bonita casa en el campo, y una noche saliste para ver un espectáculo, dejando en la casa anillos de diamantes muy valiosos. Mientras estabas fuera, la casa se encendió y se quemó. Cuando volviste a casa, viste que no había más que cenizas; tu casa estaba destruida. ¿Qué es lo primero que harías? Empezarías a cavar en busca de los diamantes, ¿verdad? Empezarías a remover las cenizas de la adversidad para encontrar la única cosa que pudieras redimir y sacar a la luz. No importa cuál sea tu derrota o desafío: lleva consigo la semilla de un beneficio equivalente.

El Creador nunca permite que se arrebate algo a alguien sin proporcionarle en la misma circunstancia algo de valor equivalente o superior que ocupe su lugar. Eso se aplica a la muerte de tus seres queridos, igual que a cualquier otra cosa, que quizá sea la pérdida más trágica que puedas imaginar. Pero junto con la pérdida de un ser querido viene la posibilidad potencial de un corazón ablandado, de experimentar y hacer algo dentro de ti que no podrías haber hecho sin ese dolor.

Quinto, el hábito de afirmar tu Propósito Principal Definitivo en forma de oración al menos una vez al día: afirmar en oración, o de la forma que te plazca. Si tienes algún ritual y conexión con tu religión que usas, úsalo, entonces siempre que conecte con lo que constituye tu Propósito Mayor Definitivo. Hazte el hábito de hacerlo. Dentro de poco, estarás pensando en lo que puedes hacer y nunca pensarás en lo que no puedes hacer. Cuando quieras hacer algo, sabrás definitivamente que, si lo deseas lo suficiente, siempre podrás hacerlo.

Uno de mis alumnos me preguntó una vez: "¿Qué quieres decir con 'la suficiente intensidad'"? ¿Qué es suficiente intensidad? Me pregunto si has pensado alguna vez en la importancia de poder pensar o desear algo con la suficiente intensidad como para estar seguro de lograrlo. Bueno, eso es desearlo tanto que, independientemente de lo que pueda pasar, vas a poner todo lo que tienes en la vida en el cumplimiento de ese deseo. Pensar en ello, hablar de ello, verte ya en posesión de ello... eso es desear algo con suficiente intensidad.

Debes trabajar en ti mismo para alcanzar un estado de deseo ardiente; y cuando lo haces y lo colocas detrás de un Propósito Mayor Definitivo, eso constituye una de las mejores oraciones del mundo. El Creador sabrá lo que quieres y que tienes la actitud mental correcta acerca de ello. Si vas a orar con una actitud equivocada, te quedarás con las manos vacías. No importa de qué forma ores, siempre volverás con las manos vacías a menos que tu actitud mental respalde lo que persigues. A menos que creas que vas a conseguirlo, a menos que creas que tienes derecho a ello, a menos que estés decidido a conseguirlo, no lo conseguirás.

La sexta es un fundamento que edifica la Fe que consiste en *reconocer la existencia de la Inteligencia Infinita.* El individuo es una diminuta expresión de esta inteligencia. Y como tal, la mente individual no tiene más limitaciones que las aceptadas o establecidas en su propia mente. Esta afirmación no podría ser más fuerte. Es tan fuerte como el idioma inglés me permite hacerla. Puedo decirte ahora que si sigues esta filosofía, como espero que lo hagas, te demostrarás a ti mismo que lo que voy a decir es cierto: que no tienes más limitaciones que las que tú mismo has establecido en tu mente, o permites que las circunstancias de la vida o la influencia de otros te establezcan.

Si te examinas detenidamente, descubrirás que las limitaciones que te han frenado en el pasado han sido en gran medida influencias de otras personas; en gran medida, tal vez totalmente, influencias de las otras personas. O han sido debido al hecho de que has estado pensando en términos negativos de temor. Si puedes librarte de esas influencias negativas, si puedes librarte de todas esas influencias externas diseñadas para quebrantar tu Fe, llegará el momento en que podrás hacer cualquier cosa que te propongas.

En séptimo lugar, el respeto a ti mismo expresado a través de la armonía con tu propia conciencia. A menos que estés en buenos términos con tu propia conciencia, nunca usarás plenamente la Fe Aplicada. El Creador, muy sabiamente, estableció para ti un juez defensor al que puedes acudir en todo momento para saber lo que está bien y lo que está mal. No hay ningún ser humano cuerdo en este mundo que no sepa en todo momento lo que está bien y lo que está mal, a menos que alguien haya ahogado su propia conciencia y la haya matado al dejar de guiarse por ella; eso la matará del todo.

Tienes que estar en buenos términos con tu propia conciencia y dejar que sea la dictadora. Hay ocasiones en las que tendrás que tomar decisiones como consecuencia de tu conciencia que serán muy poco provechosas para ti. Adelante, tómalas sin vacilar. Si tu conciencia no te respalda, no lo hagas. Si tu conciencia te respalda, adelante, hazlo. No preguntes a nadie, porque no necesitas preguntar a nadie. Para eso se te dio la conciencia: para guiarte, para que no cometas errores. Los que matan su relación con la conciencia, tarde o temprano tienen dificultades.

Para crear una actitud mental favorable a la expresión de la Fe, hay pasos que debes dar. Y, por cierto, tu actitud mental es la palanca, la manivela de la bomba, la válvula a través de la cual controlas tu poder de Fe. Es la única cosa que realmente controlas.

Para crear una actitud mental favorable a la expresión de la Fe:

- Primero, tienes que saber lo que quieres y determinar lo que tienes que dar a cambio de ello. Saber lo que quieres; ese es el paso número uno para crear una actitud mental positiva, que es todo lo que hay en conexión con la Fe Aplicada.

- A continuación, cuando afirmes el objeto de tus deseos mediante la oración, deja que tu imaginación te vea ya en posesión de él.

- Tercero, mantén la mente abierta a la guía que viene de tu interior, y cuando te sientas inspirado por corazonadas para avanzar en algún plan creado por tu imaginación, que te lleve en la dirección de lo que deseas, acepta el plan y actúa en consecuencia de inmediato. No descuides las corazonadas que recibes. Son ricas en oportunidades, más ricas de lo que puedas pensar. A veces puedes tener una corazonada que te parezca una tontería porque te lleva en una dirección que nunca pensaste que quisieras seguir, y sin embargo es exactamente lo que necesitabas.

- Recuerda siempre que no puede existir tal estado de ánimo como la Fe sin acción apropiada. "La Fe sin obras es muerta". Acción: tiene que haber una acción eterna detrás de las cosas que persigues si vas a usar la Fe aplicada.

- Y a continuación, cuando te veas superado por la derrota, como puede ocurrirte muchas veces, recuerda que nuestra Fe se pone a prueba muchas veces, y la derrota puede ser solo uno de tus momentos de prueba. No la aceptes como otra cosa. Por lo tanto, acepta la derrota como una inspiración para un mayor esfuerzo y sigue adelante con la creencia de que tendrás éxito. Si crees, mereces tener éxito.

- Y por último, cualquier estado mental negativo destruirá el poder de la Fe y dará lugar a un clima negativo. Tu estado de ánimo lo es todo, y solo tú controlas tu estado de ánimo. Puede haber momentos en que las circunstancias te dificulten controlar tu estado mental, como la muerte de un ser querido. En esos momentos, te resultará muy difícil controlar tus emociones, no sentir las punzadas de la pena. Pero si practicas el control de tu estado mental, llegarás al punto de poder controlar tu actitud mental en todo momento.

Hay dos tipos de circunstancias que preocupan a las personas y que destruyen el poder de la Fe. Uno es cuando puedes hacer algo al respecto si lo deseas, y el otro es cuando no tienes ningún control sobre la situación. Obviamente, esta última la debes descartar por completo de tu mente, porque no puedes hacer nada al respecto. Puedes relacionarte con esas circunstancias de tal manera que no te hundan. Pero en el primer caso, en el que puedes hacer algo al respecto, en lugar de preocuparte por ellas y asustarte y destruir tu capacidad de fe, eso es cuando te lanzas y haces algo; tomas el control.

. . . .

Si crees, mereces tener éxito.

. . . .

En octavo lugar está el fundamento de fe que es un deseo ardiente, el tipo de deseo del cual se crea la Fe. Cuando te propones un Propósito Mayor Definitivo, creas un deseo ardiente por la obtención de ese propósito, no retrocedes ante él, lo traes a tu conciencia muchas veces al día, y te decides llevar a cabo ese propósito. Eso constituye la mejor aplicación de la Fe que puedas imaginar.

Cómo aumentar tu autoconfianza

No creerás en una Inteligencia Infinita si no crees en ti mismo. Por lo tanto, ahora veremos ocho pasos para aumentar tu confianza en ti mismo, tu fe en ti mismo y tu fe en el mundo en general.

1. Adopta un Propósito Principal Definitivo y comienza de inmediato a obtenerlo usando las instrucciones de los capítulos anteriores sobre la Definitividad de Propósito.

2. Apoya a tu Propósito Principal Definitivo con el mayor número posible de los nueve motivos básicos.

3. Escribe una lista de todos los beneficios y ventajas que te proporcionaría la obtención de tu Propósito Principal Definitivo, y llámalos a tu mente muchas veces al día, haciendo así que tu mente sea consciente del éxito por medio de la autosugestión.

4. Asóciate lo más estrechamente posible con las personas que estén de acuerdo contigo y con el objeto de tu Propósito Mayor Definitivo; indúcelas a animarte de todas las formas posibles. Esto se refiere solo a tus amigos íntimos o asociados de la Mente Maestra.

5. No dejes pasar ni un solo día sin dar al menos un paso definitivo hacia la obtención de tu Propósito Mayor Definitivo. Que tu consigna diaria sea acción, acción, acción y más acción.

6. Elige a una persona próspera y autosuficiente como tu marcapasos, y decídete no solo a alcanzarla, sino a

sobrepasarla con tus propios logros. Hazlo en silencio, sin revelar tus planes a nadie.

7. Rodéate de libros de naturaleza inspiradora, cuadros, lemas colgados en la pared y otras evidencias de autoconfianza, como han demostrado otras personas. Crea una atmósfera de logro a tu alrededor.

8. Adopta la política de no huir nunca de las circunstancias desagradables; al contrario, mantente firme y lucha hasta superarlas. Para nada considees la postergación, no sea que se convierta en un complejo de inferioridad.

Una mente adecuadamente condicionada acepta la derrota temporal solo como un impulso a una acción mayor y más profunda, y de este modo se arroja en el regazo del poder que opera este universo. Cuando empecé a publicar la Revista *Golden Rule* hace muchos años, justo después del final de la Primera Guerra Mundial, sin capital operativo, con la plena convicción de que podría hacerla rentable, elevé con ello una plegaria de la más alta categoría. La revista ganó más de 3.000 dólares el primer año.

No me enteré hasta diez años después, en una conversación con el magnate editorial Bernarr Macfadden, de que para fundar una revista nacional con alguna garantía de éxito, hay que tener un millón de dólares de capital. ¡Qué suerte que no lo supiera de antemano! Al condicionar adecuadamente mi mente, seguí adelante con mi deseo de publicar la revista precisamente del mismo modo que habría procedido si hubiera tenido el millón de dólares en el banco para empezar.

Una vez que hayas visto el poder de la verdadera Fe en acción, te resultará difícil volver a dudar de ella.

Aprovecha el poder de la Fe

La meditación silenciosa o la oración son herramientas podero-
sas para aprovechar el poder de la Fe. Personas por todo el mundo
tienen historias de milagros grandes y pequeños que creen que
se produjeron como resultado de su Fe y sus oraciones. Uno de
esos milagros se reveló cuando nació nuestro segundo hijo, Blair,
y pusimos a trabajar nuestra Fe aplicada.

Cuando Blair vino al mundo, llegó sin orejas, sin rastro de
orejas. Los dos médicos, tíos de su madre, que lo trajeron al
mundo, se reunieron conmigo en la rotonda del hospital, con la
esperanza de suavizar el shock que yo sufriría cuando viera a mi
hijo. Me explicaron que había habido algunos otros niños cono-
cidos por la ciencia médica nacidos en circunstancias similares,
y querían que yo supiera de antemano que ninguno de ellos llegó
a aprender a oír o a hablar. Querían que me diera cuenta de que
mi hijo sería sordomudo.

Bueno, hasta ahí pudieron llegar. Los detuve en ese momento
y les dije: "Escuchen, doctores, aún no he visto a mi hijo, pero
puedo decirles lo siguiente: no será sordomudo, y pasará la
vida con el 100 por cien de su audición, como todos los niños
normales."

El otro médico que no había hablado se acercó, me puso sus
manos sobre mis hombros y me dijo: "Mira, Napoleon. Hay algunas cosas en este mundo sobre las que ni tú, ni yo, ni nadie puede
hacer nada, y más vale que reconozcas que estás enfrentando una
de esas circunstancias."

Le dije: "Doctor, no hay nada en este mundo ante lo que yo
no pueda hacer algo. Si no es más que adaptarme a una circunstancia desagradable para que no se me rompa el corazón, puedo
hacerlo". Y empecé inmediatamente a hacer precisamente eso.
Antes de ver a mi hijo, decidí que en ninguna circunstancia iba a
aceptarlo como sordomudo. Bajo ningún concepto iba a aceptar

su condición como una aflicción. En ninguna circunstancia iba a parar hasta que tuviera el 100% de su audición. No tenía ni idea de cómo iba a conseguirlo. De lo único que estaba seguro era de que iba a ocurrir.

Cuando te enfrentas a cualquier cosa con esa actitud, estás usando la Fe Aplicada. Me puse a trabajar en mi hijo, antes de siquiera verlo, con la oración. Y durante los cuatro años siguientes, pasé al menos cuatro horas al día trabajando con él, comunicándome con él a través de su mente subconsciente. Y hasta los dieciocho meses, sabemos positivamente que no ocurrió nada, pero eso no destruyó mi Fe. Yo sabía que algo ocurriría. Seguimos trabajando con él. Le hicimos todas las pruebas disponibles en cuanto a su audición, y hasta los dieciocho meses no oía nada.

Y entonces ocurrió una cosa extraña. Sabíamos que oía. No sabíamos cuánto oía, pero cuando chasqueé los dedos detrás de él, se dio la vuelta para ver de dónde procedía el ruido. Sabíamos que oía. Cuando cumplió cuatro años, habíamos desarrollado el 65% de su audición normal mediante mis oraciones y mis comunicaciones a través de su mente subconsciente. ¿Cuál de las dos cosas hizo más bien? No lo sé. Quizá fue la combinación de las dos.

El sesenta y cinco por ciento de su audición normal le bastó para lograr pasar la escuela primaria, la escuela preparatoria y el tercer año de universidad. Durante ese tercer año en la universidad, la empresa Acousticon, que fabrica audífonos, se enteró de este caso insólito, el único de este tipo en el mundo en el que un niño nacido sin oídos había aprendido a oír y a hablar. Los representantes vinieron a la Universidad de West Virginia en Morgantown y fabricaron para nuestro hijo un audífono especial que le proporcionó el 35 por ciento restante de su audición normal. Hoy tiene el 100 por cien de su audición normal, tal como dije que tendría.

Vinieron médicos de todo el mundo. Le hicieron cientos y cientos de radiografías del cerebro después de determinar que había desarrollado el 65% de su audición normal. Querían encontrar algún órgano físico a través del cual oyera; jamás se encontró ninguno. Otra cosa curiosa es que Blair puede oír igual de bien con el audífono en la columna vertebral que con él en la cabeza: igual de bien.

Hablé con el Dr. Irving Voorhees, un distinguido especialista en oídos de Nueva York que tuvo el privilegio de examinar a Blair. Le pregunté al Dr. Voorhees qué creía que había ocurrido para que este niño pudiera oír.

Bueno —dijo—, sin duda fue el proceso por el que pasaste al tratar con él, fuera lo que fuera; sin duda, eso fue lo que ocurrió. Y si no lo hubieras hecho, sin duda habría sido sordomudo como todos los demás niños que han nacido en las mismas circunstancias.

Blair tiene hoy el 100% de su capacidad auditiva. Es un hombre de negocios próspero y con éxito. Está disfrutando de la vida. Y desde el principio, le enseñé que la condición en la que había nacido no era ninguna aflicción —era una gran bendición—, porque la gente observaría la condición en la que se encontraba y se desviviría por ser amable con él. Y eso fue exactamente lo que ocurrió. Fue una gran bendición, no solo en un sentido, sino en muchos. Fue una gran bendición porque me permitió aprender acerca del poder de la oración como nunca lo habría aprendido de ninguna otra fuente.

Hay muchas personas que oran de manera superficial, pero eso es todo. Yo hice algo más que orar de esa manera. Me entregué en cuerpo y alma a nuestro hijo y decidí que, si Dios existía, yo iba a llegar hasta él y obtendría una respuesta, y llegué a Él y obtuve la respuesta. Si crees que eso no requiere valor, si crees que eso proviene de tu fuente de Fe, es porque nunca has experimentado lo que yo he experimentado. A menudo he pensado qué gran bendición fue que Dios me enviara un hijo sin orejas para permitirme probarme a mí mismo que no existía la imposibilidad de saber que la oración puede hacer cualquier cosa y todo.

. . . .

La oración puede hacer cualquier cosa y todo.

. . . .

Hace muchos años, cuando era director de publicidad de la Universidad de Extensión LaSalle, conocí por casualidad a un clérigo llamado reverendo Frank W. Gunsaulus. El Dr. Gunsaulus pastoreaba una pequeña iglesia en la sección Stock Yards de Chicago. Tenía algunos seguidores, no muchos, y me imagino que no le pagaban más que apenas lo suficiente para vivir. Pero tenía una idea multimillonaria. Llevaba mucho tiempo queriendo crear un nuevo tipo de escuela, una escuela técnica, en la que los alumnos tendrían estudios académicos la mitad del día y fueran al laboratorio de una planta industrial a aplicar lo aprendido la otra mitad.

Cuando elaboró su presupuesto, se dio cuenta de que tenía que disponer de un millón de dólares para que la escuela arrancara; él no tenía un millón de dólares. Estuvo pensando en esta gran idea durante cuatro o cinco años —dejándola para más tarde— y entonces hizo algo insólito. Sin haber oído hablar jamás de la Ciencia del Logro Personal ni de Napoleon Hill, empezó a usar la lección número uno: la Definitividad de Propósito. Se levantó una mañana y dijo: "Voy a conseguir un millón de dólares. Voy a hacerlo en una semana, y voy a hacerlo yo solo".

Escribió un sermón titulado "Lo que haría si tuviera un millón de dólares" y anunció en el Chicago Tribune que predicaría sobre ese tema el domingo siguiente. Escribió su discurso palabra por palabra, lo ensayó, lo repasó. Y el domingo por la mañana, cuando tenía que pronunciar el sermón, fue a su cuarto de baño antes de ir a la iglesia, se arrodilló en el suelo del cuarto de baño y oró durante una hora para que alguien leyera aquel anuncio en el Chicago Tribune, que tuviera un millón de dólares, y oyera su sermón y le proporcionara el millón de dólares.

Cuando estuvo seguro de que su oración había logrado su efecto, se levantó de un salto y se echó a correr. Cuando llegó a su iglesia, a tres kilómetros de distancia, buscó sus notas en el bolsillo mientras caminaba hacia el púlpito. Y he aquí que las notas no estaban allí. Las había dejado en el suelo del cuarto de baño. Dijo: "Bueno, Señor, depende de ti y de mí. He hecho todo lo que podía hacer, y Señor, espero que me ayudes, porque si alguna vez te he necesitado, te necesito ahora".

Conversé con algunos de sus feligreses años más tarde, y me dijeron que se puso detrás de aquel púlpito y pronunció un sermón como nunca habían oído antes y como nunca oyeron después. Contó a la audiencia lo que haría si tuviera un millón de dólares, por qué los necesitaba, cómo cambiaría la vida de personas... esbozó su plan. Y cuando terminó, un desconocido que estaba sentado en la última fila se levantó y caminó lentamente por el pasillo. Extendió la mano y tomó la del Dr. Gunsaulus, lo jaló hacia él y le susurró por unos instantes al oído, y luego volvió a sentarse. El Dr. Gunsaulus dijo: "Amigos míos, acaban de presenciar un milagro. El caballero que acaba de pasar por el pasillo y me ha estrechado la mano es Philip D. Armour, y dice que si voy a su despacho, se encargará de que me entreguen el millón de dólares."

Y así fue como el Dr. Gunsaulus consiguió el primer millón de dólares para poner en marcha el Instituto Armour de Tecnología de Chicago, que en los últimos años se ha consolidado con la Universidad de Illinois.

Un predicador, en una semana, recaudó un millón de dólares, porque fue definitivo acerca de su propósito y tomó acción. Creía en lo que hacía. Sabía que era justo que tuviera el millón de dólares, trazó un plan y se puso en marcha.

El problema de la mayoría de nosotros es que, cuando trazamos un plan, lo consultamos con la almohada. Lo dejamos para más tarde. Soñamos con él, pero no actuamos. Eso no es Fe Aplicada. Si no haces algo que supone un riesgo en relación con tu Fe, no es Fe Aplicada. Es solo Fe general. Tienes que respaldar la Fe con acciones, y eso es precisamente lo que la mayoría de las personas no hacen.

Hace varios años tuve un interesante experimento en el campo comercial con mi antiguo gerente, el Sr. W. Clement Stone. La finca del Sr. Stone lindaba con el campus de la Universidad Northwestern, y se hizo amigo de varios profesores de esa universidad. Una noche, uno de los profesores fue a casa del Sr. Stone y le dijo: —Llevo bastante tiempo en la Universidad Northwestern. Apenas me estoy ganando la vida. Tengo unos hijos pequeños en camino y decidí que tenía que hacer algo para obtener mayores ingresos. Por lo tanto, me metí en el negocio de los seguros. Ahora tengo un trabajo en una compañía de seguros. Voy a vender seguros, y me preguntaba, conociendo el éxito que uste tiene en el negocio de los seguros, si le importaría darme los nombres de diez o quince personas como posibles clientes a los que pueda llamar y usar su nombre.

El Sr. Stone dijo: —Será un placer. Si usted pasa mañana por la mañana a la oficina, le diré a mi secretaria que anote los nombres y las direcciones en tarjetas para usted.

Y cuando el hombre acudió a la mañana siguiente, el Sr. Stone le dio las tarjetas.

El hombre dijo: —Ahora, Sr. Stone, ¿le parece bien que mencione su nombre?

El Sr. Stone dijo: —Correcto. Puede decirles que los estás visitando a petición mía.

El hombre se puso a trabajar con las tarjetas en la mano y, antes de que terminara la semana, regresó a la carrera y dijo: —¡Sr. Stone, Sr. Stone, he vendido ocho de las diez, y tengo citas con los otros dos! ¿No me haría el favor de hacerme diez tarjetas más?

El Sr. Stone respondió: —Bueno, usted ha llegado conmigo en un mal momento. Ahora estoy ocupado, pero aquí tiene la guía telefónica. Puede copiarlas de ahí. De ahí es de donde he tomado los nombres.

Y el hombre dijo, —No, no fue lo que hizo.

El Sr. Stone dijo: —Sí, empecé con la letra A. Saqué una de las A, una de las B, una de las C, una de las D, hasta llegar a diez tarjetas. Y usted puede hacer lo mismo. Puede copiar tan bien como yo.

El hombre se quedó estupefacto. No podía creer lo que decía el Sr. Stone, pero este acabó convenciéndole y le dijo: —Ahora siéntese y confeccione diez tarjetas.

Y así lo hizo. El hombre confeccionó diez tarjetas y salió a trabajar toda una semana y no consiguió una entrevista salvo en dos ocasiones, pero sin hacer una venta.

¿Qué ocurrió? ¿Fue culpa de los prospectos que no consiguiera una entrevista y no hiciera una venta? No, no tuvieron nada que ver. La culpa estaba en la cabeza del hombre. No creía que pudiera hacer una venta. No creía que pudiera sacar un nombre de una guía telefónica y salir en frío, por así decirlo, lograr una entrevista y hacer una venta. No lo creía.

Pero cuando el Sr. Stone le dio diez tarjetas y pudo decir: "Me envía el Sr. Stone", pensaba que eso ejercía una gran influencia sobre el posible comprador. Probablemente no tenía ninguna influencia, pero la actitud mental con la que el hombre hablaba sí influía en el posible comprador.

Condiciona tu mente para creer

He entrenado a más de 30.000 vendedores. Y una de las cosas más importantes que les enseñé a cada uno de ellos, y que espero transmitirte, es que uno nunca logrará vender cosa alguna a persona alguna en momento alguno sin antes haber logrado venderla a ellos mismos. Cuando estudias a cualquier gran líder, vendedor, abogado, clérigo —cualquier gran persona cuyo negocio sea influir en las personas— descubrirás que los que hacen el mejor trabajo son los que se han vendido a ellos mismos a capa y espada en lo que hacen y dicen.

El reverendo Billy Graham atrae a una gran multitud, mantiene su atención y hace mejor que cualquier millar de clérigos ordinarios porque tiene una mejor actitud acerca de lo que hace. Simplemente sabe que lo que hace es acertado. El abogado que no cree en los méritos de su cliente rara vez gana casos, y el clérigo que no cree en el mensaje de su sermón muy rara vez consigue conversos. El asunto de la creencia realmente cuenta. La fe aplicada y la capacidad de creer es lo más misterioso, lo más maravilloso y lo más poderoso del universo.

Otro aspecto interesante que he observado acerca de los grandes líderes —hombres como W. Clement Stone— es su gran capacidad para hipnotizarse a sí mismos para creer que pueden hacer lo que se propongan. La autohipnosis, sea que te asuste ese término o no, no viene al caso. En realidad, te estás entregando a ella cada minuto del día, lo sepas o no. Todos lo hacemos. La persona que se ha elevado a grandes alturas no es mejor educada, ni más brillante, ni más inteligente que la persona que no se ha elevado. La única diferencia entre los que se han elevado y los que permanecen estancados es que un grupo ha aprendido a condicionar su mente para creer que todo lo que quieren hacer, lo pueden hacer y lo harán.

· · · · · · · · · · · · · · ·

Puedes acondicionar tu mente
a creer que todo lo que quieras
hacer puedes hacerlo y lo harás.

· · · · · · · · · · · · · · ·

Hace algunos años me llamó el superintendente de la New York Life Insurance Company, en la agencia de Nueva York. Me dijeron: —Sr. Hill, tenemos aquí a un vendedor que, hasta hace un par de años, lideraba a todos los hombres de la plantilla; ahora se ha amargado y está pensando renunciar. Sus ventas han caído prácticamente a cero. Queremos saber si usted podría analizarle y averiguar cuál es el problema.

—Pues sí, lo haré con mucho gusto —dije.

Lo trajeron. Se llamaba James C. Spring y era un "joven" de sesenta y cinco años. Hablé un rato con el Sr. Spring y pronto descubrí lo que había pasado. Su esposa cometió un día el error de referirse a él como "el viejo". Y de repente se convirtió en un anciano, demasiado viejo para vender.

—Sr. Spring, ¿tienes algunas perspectivas? —le pregunté.

—Oh, sí, tengo el bolsillo lleno de ellos —dijo.

—Muy bien. Mañana por la mañana empezamos. Eliges diez, y los visitaremos mañana y en los dos días siguientes. Yo iré y escucharé. No diré ni una palabra; solo quiero escuchar tu discurso de ventas.

Me di cuenta, antes incluso de acercarnos al primer posible cliente, de que él tenía miedo de que el hombre no fuera a comprar. Podía sentirlo. Su temor emanaba y penetraba en todo mi organismo; y, efectivamente, el hombre lo rechazó. El siguiente ni siquiera quiso verle, y así siguió todo el día y hasta el siguiente.

No hizo ninguna venta y no logró más que dos entrevistas de las diez. Yo sabía entonces lo que había que hacer.

De regreso a la agencia, le dije al supervisor: —Sé lo que le pasa al Sr. Spring y voy a decirle cuál es el remedio. Él oye la palabra 'no' incluso antes de ver al hombre al que va a vender. Antes de entrar, sabe que el hombre le va a decir 'no'. Y, caramba, generalmente lo hace, porque el cliente potencial capta de la mente de Spring exactamente lo que este está pensando. Eso ocurre en todos los casos en los que dos personas se juntan como prospecto y vendedor.

—Ahora, Sr. Spring, —le dije, volviéndome hacia él— quiero que vayas y compres una de esas trompetas de aire anticuadas. Quiero una que está estropeada, que parezca que la has estado usando mucho tiempo. No quiero una nueva.

Y él me contesta: —¿Para qué diablos la quiere?

—Eso es asunto mío. Tú solo tienes que salir a conseguirlo y hacer lo que te he dicho, y luego vamos a repetir esa misma lista de prospectos que tuvimos la semana pasada. Y cuando alguien diga 'no', quiero que te pongas esa trompeta en la oreja y hagas como si no lo hubieras oído y sigas hablando.

Eso es justo lo que hizo, ¿y sabes lo que ocurrió? El Sr. Spring logró remontar y superó su récord anterior. Durante los seis años siguientes, lideró a todo el mundo en la división de Nueva York de la New York Life Insurance Company. ¿No es asombroso? Es asombroso lo que un poco de psicología puede hacer para cambiar la actitud mental de alguien del temor a la Fe Aplicada.

Tú también tienes que aprender a hacer algunos trucos contigo mismo. La mente subconsciente no conoce la diferencia entre un centavo y un millón de dólares. No conoce la diferencia entre el éxito y el fracaso, y trabajará tanto para convertirte en un fracasado como para convertirte en un triunfador. Si no condicionas tu mente, si no mantienes tu mente subconsciente trabajando con y para las cosas que quieres y alejada de las cosas que no quieres, habrás perdido la batalla.

Como ya se ha dicho, la mayoría de las personas pasan la mayor parte de su vida preocupándose, temiendo e inquietándose por lo que no quieren, y eso es exactamente lo que logran en la vida. Procuro tener en cuenta las debilidades y los errores de otros que afectan a mis intereses. No siempre lo hago bien, pero lo procuro. Procuro mantener una actitud mental positiva en todo momento, hacia todas las personas, acerca de todos los temas. Este esfuerzo por mi parte ha contribuido en gran medida a colocarme en una posición en la que he adquirido en esta vida todo lo que necesito, todo lo que quiero, todo lo que deseo.

· · · · · · · · · · · · · ·

Mantén una actitud mental positiva en todo momento hacia todas las personas y todos los temas.

· · · · · · · · · · · · · ·

Crea una mentalidad de fe

Tú también puedes conseguir todo lo que deseas si pones en práctica el poder de la Fe Aplicada. Para desarrollar tu conexión, reserva al menos una hora al día para pensar profundamente acerca de tu relación con la Inteligencia Infinita. Si eres una persona religiosa, puedes convertirlo en un momento de oración. Ahora ya sabes que la Fe es un estado mental que solo se obtiene a través de una mente adecuadamente condicionada. Este acondicionamiento se logra limpiándola de todos los pensamientos negativos.

Después de limpiar tu mente de pensamientos negativos, hay tres pasos fáciles que puedes dar para crear el estado mental conocido como Fe:

- *Uno*, expresa un deseo definitivo de lograr un propósito y relacionarlo con al menos uno de los motivos básicos.

- *Dos*, crea un plan definitivo y específico para la obtención de ese deseo.

- *Y tres*, empieza a actuar según ese plan, poniendo en ello todo tu empeño consciente.

Cuando haces esto, tu fuerza espiritual apoya tu deseo y entrega el problema a la Inteligencia Infinita. Si relajas la razón, la Inteligencia Infinita transmitirá la respuesta a tu subconsciente, que a su vez la transmitirá a tu mente consciente en forma de corazonada o intuición. Cuando sigas las instrucciones con gratitud, habrás cumplido tu parte.

Una parte de nosotros mismos en la que todos podemos trabajar es la de nuestra personalidad. A continuación, hablaremos de las formas en que puedes aplicar la Ciencia del Logro Personal para desarrollar una personalidad agradable, el único activo del que nadie puede prescindir si desea lograr el éxito.

CAPÍTULO 4

PERSONALIDAD AGRADABLE

Tu personalidad es tu mayor ventaja o desventaja. Puede abrir puertas y tender puentes, o puede levantar muros entre ti y otras personas. Así que, al explorar el cuarto principio universal del éxito, examinaremos los rasgos de *una personalidad agradable* y cómo puedes hacer que estos rasgos sean una segunda naturaleza en todo lo que hagas.

El primero es una ***actitud mental positiva***. Puedes tener una buena idea del importante papel que desempeña una actitud mental positiva en tu vida si consideras el hecho de que influye en tu tono de voz, en la expresión de tu rostro, en la postura de tu cuerpo. Y modifica cada palabra que pronuncias, además de determinar la naturaleza de tus emociones. En realidad, hace aún más. Una actitud mental positiva afecta a cada pensamiento que emites, extendiendo así tu influencia favorable o desfavorablemente a todos aquellos con los que interactúas. Exploraremos más sobre la actitud mental positiva en otro capítulo, pero esto nos proporciona un punto de partida para hablar de otro de los rasgos agradables de la personalidad, la flexibilidad.

La flexibilidad consiste en el hábito de adaptarse a circunstancias que cambian rápidamente sin perder nuestra compostura.

Una persona flexible debe ser algo así como un camaleón, capaz de cambiar rápidamente de color para armonizar con el entorno. Andrew Carnegie decía que la flexibilidad era una de las cualidades que hacían de Charles Schwab uno de los mejores vendedores de Norteamérica. Podía tirarse al suelo y jugar una partida de canicas con un grupo de chicos y luego levantarse y entrar en su despacho y estar listo para entrar en una reunión de Mente Maestra en la que se le pedía que tomara decisiones que implicaban millones de dólares.

Las personas que carecen de la cualidad de la flexibilidad no serán líderes ni en los negocios, ni en el gobierno, ni en la industria, ni en ningún tipo de puesto de supervisión en el que el éxito dependa de la cooperación de otros. Un gerente de fábrica que tenga flexibilidad de personalidad puede contar con la plena cooperación de todos los empleados porque se relaciona con cada persona según su personalidad.

. . . .

Una personalidad agradable armoniza tu actitud mental para crear éxito.

. . . .

La vida es una serie continua de experiencias de venta a través de las cuales debemos vendernos a todas las personas con las que nos cruzamos en contactos sociales, profesionales u ocupacionales. Y si carecemos de una personalidad agradable que nos permita armonizar nuestra actitud mental con las personas con las que entramos en contacto, no tendremos éxito.

Las personas que tienen personalidades agradables exhiben *templanza,* que es moderación y autocontrol en todas las cosas.

Evidentemente, comer y/o beber en exceso puede destruir el magnetismo personal. Las personas de carácter dinámico también poseen *paciencia,* definida como la resistencia tranquila e inflexible ante el dolor o la provocación y una perseverancia tranquila.

Pero estas personalidades no requieren paciencia de otros cuando hay que tomar una decisión, porque otra característica de una personalidad agradable es la de *tomar decisiones con prontitud.* Cuando observas a la gente, te darás cuenta de que las personas que se entretienen procurando decidirse, pero nunca parecen lograrlo, nunca son populares ni tienen éxito. Este es un mundo de acción que se mueve con rapidez, y los que no se mueven rápida y definitivamente solo logran estorbar a los que saben adónde van y lo que buscan. La rapidez en la toma de decisiones está relacionada con la Definitividad de Propósito, que es el punto de partida de todo logro individual. Vivimos en un país donde los logros individuales son posibles a gran escala debido a la gran abundancia de oportunidades en cada vocación. Pero la oportunidad no espera a nadie. La persona con visión para reconocer la oportunidad y tomar decisiones rápidas para aprovecharla logrará salir adelante, y todos los demás serán sus seguidores.

La comunicación es uno de los indicadores más claros de la clase de personas que somos. Se manifiesta en nuestra forma de actuar cuando tratamos con otros. Una persona con una personalidad ganadora *sabe expresar sus emociones sin perder el control sobre ellas.*

Además, alguien con una personalidad agradable sonríe y tiene una expresión agradable. El hábito de *sonreír,* como muchos otros buenos hábitos, está directamente relacionado con la actitud mental de una persona. Y también revela la naturaleza de la actitud mental de alguien con un medio de identificación casi perfecto. Si no te preocupa la relación entre el hábito de sonreír y tu actitud mental, simplemente procura sonreír cuando estés enfadado y observa lo rápido que cambias de un estado negativo a uno positivo.

Las personas con más éxito en prácticamente todas las vocaciones son las que comprenden *el arte de dramatizar lo que hablan*. Pueden contar una historia, pedir un favor, dar una orden o incluso reprender a un asociado de tal manera que sus palabras tengan un efecto revelador y duradero. Y lo hacen con una sonrisa en la cara. Por la expresión de la cara de una persona puedes saber mucho de lo que le pasa por la mente, igual que puedes juzgar lo que piensa un perro por la expresión de su cara y el movimiento de su cola.

Una sonrisa produce una disposición de los músculos de línea, mientras que un ceño fruncido produce una disposición totalmente distinta, y cada una transmite con precisión infalible el sentimiento que ocurre en la mente de una persona. Los abogados que saben interrogar a los testigos en los tribunales suelen tener una gran habilidad para juzgar, por la expresión del rostro de un testigo, cuándo este miente y cuándo dice la verdad. Los vendedores expertos pueden detectar, observando atentamente el rostro de un posible comprador, la naturaleza de sus pensamientos. Así, la sonrisa, el tono de voz y las *expresiones faciales* abren ventanas a través de las cuales podemos ver y sentir lo que ocurre en la mente de las personas. Una persona inteligente sabe cuándo mantener cerradas estas ventanas y cuándo abrirlas. Estas tres aperturas a la mente podrían denominarse los "tres grandes" de una personalidad ganadora: la sonrisa, la expresión facial y el tono de voz.

Si alguna vez has conocido a alguien maleducado e hiriente, sabes lo importante que es *tener tacto*. Este rasgo de una personalidad agradable consiste en hacer y decir lo correcto en el momento adecuado.

Una característica más de una personalidad agradable es *la tolerancia*. Se trata de una mentalidad abierta sobre todos los temas hacia todas las personas en todo momento. Evitar la intolerancia es tener **sentido de humor,** que puede hacer la vida mucho más agradable. Un sentido de humor bien desarrollado nos ayuda a ser flexibles y ajustables a las diversas circunstancias de la vida. También nos permite relajarnos y humanizarnos, en lugar de permanecer fríos y distantes, un rasgo que no atrae ni a amigos ni a clientes. Y en los tiempos que corren, el sentido del humor evita que nos tomemos a nosotros mismos y a la vida demasiado en serio, tendencia a la que tienden muchas personas.

Hay que compadecer a la persona que no puede relajarse y vivir en el momento apropiado, perdiéndose la mayor parte de los beneficios de la vida, sin importar otros bienes. Necesitamos algún método de escape de nuestra ocupación rutinaria, que nos permita una pausa en la monotonía y sirva de tónico para el mantenimiento de una salud física sana. Recuerda, una sonrisa ahuyenta muchas preocupaciones y el ceño fruncido.

Un agudo sentido de justicia y honradez desarrolla un carácter sólido y fiable. El sello distintivo de estos agradables rasgos de personalidad es una adhesión absoluta para hacer lo que es correcto porque es correcto, no por ninguna ventaja inmediata o esperanza de recompensa.

Si quieres una personalidad agradable, también necesitas desarrollar **humildad de corazón,** que elimina la arrogancia, la codicia y el egoísmo. Es el resultado de la comprensión de la relación de la humanidad con nuestro Creador, además del reconocimiento de que las bendiciones materiales de la vida son regalos del Creador para el bien común de toda la humanidad. Quienes están en buenos términos con su propia conciencia y en armonía con el Creador son humildes de corazón, sin importar cuántas riquezas materiales de la vida se hayan acumulado ni cuántos logros personales.

Las personas populares también son *oradores eficaces. Usan las palabras apropiadamente*, eligiendo aquellas que atraen a los oyentes. Por ello, usar palabras ofensivas en cualquier momento es totalmente inexcusable.

Las personas de alto rendimiento son *versátiles,* y eso se nota en sus conversaciones. Se interesan por otros y por el mundo que les rodea. Tienen al menos un conocimiento superficial de muchos temas. Se interesan por otros y por sus ideas, y se esfuerzan por expresar ese interés donde pueda inspirar una reacción adecuada en su propio beneficio. Las personas versátiles tienen una comprensión clara de los fundamentos de las principales religiones y creencias de todas las personas, incluyendo un concepto claro de su propia religión, sea cual sea.

Aunque seamos versátiles, si no podemos mantenernos en pie y *hablar con fuerza*, lo que connota una mente alerta y pensante sin temor a avergonzarnos sobre cualquier tema de nuestra elección, nos encontramos en una gran desventaja en lo que respecta a nuestra personalidad. El factor más importante para hablar con eficacia es un conocimiento profundo del tema, y la mayor de todas las reglas para hablar con eficacia puede resumirse en una frase: *conoce lo que quieres decir, dilo con todo el sentimiento emocional posible y luego siéntate.*

Por supuesto, las personas con personalidad ganadora *controlarán su temperamento.* Ahora bien, la emoción intensa es fundamental para el logro, pero los que pierden sus estribos posteriormente se verán muy perjudicados.

El afecto hacia otros es la siguiente cualidad de una personalidad agradable. Se ha dicho que los perros saben si caen bien a las personas, y la mayoría de las personas son igual de perceptivas. Es inevitable que las personas que caen bien a otros caigan bien ellas mismas, ya que todo el mundo capta las actitudes y actúa en consecuencia.

Las características de las personas agradables también incluyen la *esperanza y la ambición*. Estas dan vida y fuego a una
persona y pueden contagiarse a otros, haciendo que todos se sientan bien. También hay algunas características físicas básicas que
son indicativas de una personalidad agradable: *una vestimenta
adecuada, presentación dinámica, y un apretón de manos* que
transmita animación, entusiasmo y compañerismo.

Es fácil evaluar y corregir los aspectos físicos de tu personalidad; es más desafiante corregir los rasgos de carácter para
mejorar tu personalidad. Debes tener una evaluación acertada
de la misma.

Tómate un tiempo para hacer un inventario de tu personalidad, primero en su aspecto integral y luego parte por parte.
El tiempo que dediques al autoanálisis te reportará grandes
dividendos. Te dará una verdadera imagen de ti y te ayudará a
comprender también a otros.

CAPÍTULO 5

VE LA MILLA EXTRA, SIEMPRE

Una verdadera medida de los que alcanzan grandes logros es que *Van la milla extra*, el quinto principio de la Ciencia del Logro Personal. Ir la milla extra significa prestar más y mejor servicio del que te pagan por prestar, hacerlo con una actitud mental agradable y hacerlo todo el tiempo.

Quince razones para ir la milla extra

Uno, la ley de los rendimientos crecientes. Si no fuera por la ley de los rendimientos crecientes, todos nos moriríamos de hambre en cuestión de meses. El agricultor aprovecha la ley de los rendimientos crecientes cuando ara la tierra, la cerca y luego planta la semilla en el suelo en el tiempo propicio del año, cumpliendo con las reglas de la naturaleza, todo lo cual consiste en *ir la milla extra.*

Una vez plantadas las semillas, la naturaleza se encarga a partir de ese momento y, cuando llega el momento oportuno, la cosecha le compensa por su inteligencia, multiplicando enormemente su inversión de esfuerzo, tiempo y dinero. Si no fuera porque la naturaleza funciona así, todos nos moriríamos de hambre. En otras palabras, si el agricultor solo pusiera un grano de trigo en la tierra y solo lograra recuperar un grano, no habría aumento. Incluso la naturaleza reconoce la ley de los rendimientos crecientes.

Ir la milla extra en todo lo que hacemos se encarga de que seamos compensados. No hay ninguna posibilidad en este mundo de que alguien haga algo a o por otra persona que tarde o temprano no se haga a o por él multiplicado enormemente. Así funciona toda la vida.

Dos, ir la milla extra nos atrae la atención favorable de quienes pueden hacer y lo hacen. No conozco ni una sola gran ventaja que yo haya obtenido en la vida que no haya sido el resultado de haberme desviado de mi camino para hacer algo por otra persona. Nunca he experimentado un éxito sobresaliente en mi vida que no ocurriera después de haber practicado mi hábito de Ir más allá, en que presté más servicio del que se esperaba que prestara y lo hice con la actitud mental correcta.

Tres, ir la milla extra tiende a hacernos indispensables en muchas relaciones humanas diferentes. Y hablando de empleo, hacer esto, por lo tanto, nos permite obtener una remuneración superior a lo que es promedio. Cuando corren malos tiempos y se despide a las personas, la persona que siempre hace un esfuerzo adicional permanecerá empleada el mayor tiempo posible, y lo más probable es que sea la última en ser despedida, y solo si es absolutamente necesario. Y en el otro extremo, si la empresa es próspera y se reparten oportunidades, la persona que hace un esfuerzo adicional puede elegir entre ellas porque se lo ha ganado de antemano.

Cuatro, ir la milla extra conduce al crecimiento mental y a la perfección física en diversas formas de servicio, desarrollando así una mayor capacidad y destreza en nuestra vocación elegida. Puedo decir sinceramente que doy la mejor charla sobre esta filosofía cada vez que me dirijo a un público. Y eso no tiene nada que ver con el tamaño de la audiencia ni con el lugar en el que doy la conferencia. Simplemente doy lo mejor que tengo cada vez, porque al dar lo mejor, me vuelvo mejor para la próxima vez. Solo así he avanzado hasta el punto de poder mantener la atención de grandes públicos durante el tiempo que desee.

Cinco, ir la milla extra nos protege de la ley de la pérdida del empleo; nos posiciona para elegir nuestro propio trabajo y condiciones laborales y atrae nuevas oportunidades de autopromoción.

Seis, nos permite beneficiarnos de la ley del contraste, porque la mayoría de las personas no practican el hábito de ir más allá de lo que se espera. Otros tienen el hábito de tratar de conseguir más de lo que les corresponde. La ley del contraste es genial. Recuerdo que me llamó la atención cuando pasé por enfrente de la ventana de la tienda de Marshall Field & Company.

En la ventana de aquella tienda había un exhibidor de corbatas para hombres, nada más que corbatas. En el centro del exhibidor había un maniquí con una corbata y el cuello de la camisa estaba torcido y la corbata no estaba recta. No era una corbata bonita. Se veía mal. Junto al maniquí había un espejo. Y cuando me acerqué y miré mi propia corbata, lo primero que hice fue estirar la mano y ajustarme el cuello y la corbata. Y pensé, como probablemente hacían la mayoría de los hombres: *"Vaya, mi corbata no tiene tan buen aspecto como las de dentro".* Así que los clientes entraban y compraban media docena de corbatas... la ley del contraste. El hombre que diseñó aquel exhibidor era psicólogo. Sabía que, por contraste, las personas observarían que las corbatas adentro eran mucho mejores que la que llevaban puesta. Facilitó mucho la observación colocando allí el espejo.

Siete, ir la milla extra conduce al desarrollo de una actitud mental positiva y agradable, que es uno de los rasgos más importantes de una personalidad agradable. No puedes adoptar el hábito sin tener una actitud agradable hacia otras personas. Simplemente no puedes hacerlo. Y si tienes una actitud agradable hacia otros, ellos reflejarán esa misma actitud hacia ti. No hay duda al respecto: funciona.

En octavo lugar, *tiende a desarrollar una imaginación aguda y alerta,* porque el hábito de la milla extra nos hace buscar continuamente formas nuevas y más eficientes de prestar un servicio útil.

Nueve, *ir la milla extra desarrolla el importante factor de tomar la iniciativa personal.* Es decir, sales y lo haces sin que nadie te diga que lo hagas. Tomar la iniciativa de ir más allá de lo que se espera de ti te lleva a superar la mediocridad y a adquirir libertad económica.

La iniciativa personal es el rasgo más destacado del típico ciudadano estadounidense exitoso. Y los Estados Unidos es una nación fundada literalmente en la iniciativa personal. Cuando adquieras el hábito de ir la milla extra, encontrarás muchas formas de crear oportunidades para ti mismo. Y una de las benditas cosas al respecto es que no tienes que pedir permiso a nadie para hacerlo. Siempre puedes encontrar formas de hacer algo por alguien y ni siquiera tienes que preguntar si puedes hacerlo o no. Nunca he oído a nadie ofenderse o enfadarse con alguien que haya hecho algo bueno; nunca.

Diez, *ir la milla extra sirve definitivamente para desarrollar la confianza en uno mismo.* Te hace sentir bien dentro de tu corazón. Cuando haces algo por alguien que no se lo esperaba, la sorpresa en la cara de la persona te hace sentir que eres un poco de lo fuera de lo ordinario: eres una persona considerada.

Once, *aumenta la confianza de otros en tu integridad y capacidad general.*

Doce, *ir la milla extra te ayuda a dominar el hábito destructivo de la procrastinación, que es una de las causas más comunes del fracaso en todos los ámbitos de la vida.*

Trece, *desarrolla la Definitividad de Propósito, sin la cual nadie puede aspirar al éxito.*

Catorce, ir la milla extra es lo único que te da derecho a pedir un ascenso o más sueldo. ¿Ves el significado de esta afirmación? Cuando la mayoría de las personas piden un ascenso o más sueldo, no se han ganado la reputación de haber hecho un esfuerzo adicional. Esa es la única buena razón que da derecho a alguien a pedir una compensación. Si no vas más allá, si no prestas más servicios de los que te pagan, entonces te pagan por todo lo que prestas, ¿verdad?

Recuerdo a Purdy, un joven que una vez trabajó para mí. Llevaba pantalones cortos, muy nítidos, cuando trabajaba para mí. Al cabo de unos seis meses, vino a trabajar con pantalones largos. Se acercó a mí y me dijo: —Sr. Hill, me gustaría ganar más dinero ahora; lo que estoy ganando no es suficiente.

—Purdy, ¿qué has hecho para tener derecho a ganar más dinero?

—Bueno —dijo— no es tanto lo que he hecho, sino que, Sr. Hill, ahora me he puesto pantalones largos, y se supone que el hombre que lleva pantalones largos gana más que el que lleva pantalones cortos.

—Purdy, ese es un motivo muy poco convincente para pedir un aumento.

El punto al que quiero llegar es que la mayoría de las personas que buscan ascensos, o buscan favores, o buscan más paga, no miran en la dirección correcta. Y no crean una condición que justifique más. Deben empezar a hacer un esfuerzo adicional y hacerlo durante el tiempo suficiente para que el empleador sepa que tienen intención de seguir haciéndolo.

Quince, ir la milla extra facilita el dominio y la aplicación del principio de la Mente Maestra, a través del cual se obtiene poder personal. Dondequiera que encuentres a alguien que tiene éxito en cualquier vocación, encuentras a una persona que no mira el reloj. Sea cual sea el trabajo, para lograr el éxito, esa persona lo hace sin importarle el tiempo o el esfuerzo que le lleve. Esa persona no valora nada en este mundo tanto como el privilegio de desviarse de su camino para prestar un servicio útil a otras personas.

Resuelve el problema de otro

Una de las cosas más extrañas acerca de la vida —creo que quizá la más extraña de todos los fenómenos que descubrí durante el desarrollo de esta filosofía— fue la siguiente. Cuando tienes un problema que no puedes resolver, estás al final de una calle sin salida, no puedes ir más lejos y has hecho todo lo que sabes, siempre hay una cosa que puedes hacer y que obra milagros. Mira a tu alrededor hasta que encuentres a alguien que tenga un problema tan grande o mayor que el tuyo. Empieza justo donde estás y ayuda a otros a resolver su problema. Y milagro de los milagros, para cuando encuentres la solución al problema de esa persona, lo más probable es que ya tengas la solución al tuyo.

No tengo ni la menor idea de por qué ocurre eso. Ni siquiera puedo darte una opinión al respecto. Solo sé que funciona así. Nunca dejo pasar la oportunidad de ser de ayuda a alguien que llama mi atención. Y no me importa si me llega a beneficiar o no. No entro en eso. Ni siquiera lo cuestiono. Cuando la oportunidad se pone en mi camino para servir a otro ser humano, si está en mi mano prestar un servicio a esa persona, siempre lo hago.

Y siempre me daré cuenta de que las ocasiones de ese tiempo me devuelven la mayor compensación a largo plazo. La razón por la que estoy tan entusiasmado con este tema es porque la mayoría de las personas lo pasan por alto tan a la ligera y son propensas a no lograr el significado de su gran potencia. Estar al servicio de otros es una de tus armas más vitales, porque no tienes que pedir permiso a nadie para usarla. Siempre puedes encontrar algún lugar, alguna forma de usar esta arma sin pedir permiso a alguien.

Cuando Paul Harris se licenció en Derecho, quería una forma de conseguir una gran clientela. En aquella época, los abogados, dentistas, médicos y profesionales no podían anunciarse como tales. Pero Paul Harris encontró una forma de conseguir lo que buscaba. Fundó el Club Rotario de Norteamérica e invitó a un hombre importante de cada industria, y de esa manera se dio a conocer en cuarenta o cincuenta industrias. Esta asociación le granjeó una de las mejores prácticas de cualquier hombre de Chicago. Pero hizo más que eso. Puso a flote una fuerza que ahora se extiende por todo el mundo y todo comenzó cuando él fue la milla extra para prestar servicio a un grupo de hombres sin remuneración y formó una alianza de Mentes Maestras. Paul Harris tenía un Propósito Definitivo, y ello le reportó mayores beneficios en cuestión de años de los que podría haber esperado de otro modo en cuestión de toda una vida. Y, por cierto, Paul Harris se convirtió en uno de los estudiantes más destacados de esta filosofía: la vivió, la enseñó, habló de ella y le sacó el máximo partido.

Puede que la persona que se beneficia de que hagas un esfuerzo adicional no te recompense directamente, pero ten por seguro que la recompensa llegará y será definitiva.

Un buen hecho, de hecho

La siguiente experiencia demuestra que la recompensa que recibí por haber hecho un esfuerzo adicional fue cuatro veces superior al acto de prestar el servicio. La historia comenzó hace quince años, cuando visité a un amigo mío que acababa de abrir una gran cafetería en Atlanta, Georgia. Pero descubrí demasiado tarde que había elegido un mal local en el centro de la ciudad; cuando las casas comerciales de Atlanta cerraban, todo el mundo se iba a casa, y él no podía lograr suficientes comensales para mantener su cafetería.

Debido a mi larga amistad con este hombre, me ofrecí a resolver su problema dando una serie de conferencias gratuitas acerca del éxito en su cafetería cada noche. Se anunció en los periódicos, y la primera noche rechazamos a cientos de personas y, a partir de entonces, el local se llenó de invitados todas las noches durante varias semanas. No cobré nada por este servicio, pero mis cenas sí eran gratuitas. Además, no tenía intención de obtener ningún beneficio directo por mi servicio porque era una labor de amor. Un asistente habitual a estas conferencias era un funcionario de una compañía eléctrica que quedó tan impresionado por mi interpretación de la filosofía que me invitó a hablar en una reunión especial de ejecutivos de la Compañía de Energía Eléctrica de Carolina del Sur. Ten en cuenta que este fue el primer paso en la dirección de la generosa recompensa que estaba destinado a recibir por haber ido la milla extra.

En la reunión de los ejecutivos de la energía eléctrica, me presentaron a Homer Pace, vicepresidente de la Compañía de Energía Eléctrica de Carolina del Sur, quien me pidió que me pusiera en contacto con el Dr. William P. Jacobs, distinguido director de relaciones públicas de Carolina del Sur y presidente del Presbyterian College de Clinton, Carolina del Sur. Escribí al Dr. Jacobs y vino a Atlanta a conocerme. Ese fue el paso número dos en la dirección de mi recompensa.

El Dr. Jacobs era propietario de una gran imprenta y editorial. Me invitó a unirme a él en Clinton con la condición de que me ayudaría cuando lo necesitara. Acepté la invitación, y ese fue el paso número tres en la dirección de mi recompensa.

Tras llegar a Clinton, me invitaron a formar parte del profesorado del Presbyterian College. Allí di una serie de conferencias sobre la filosofía del éxito. Ese fue el paso número cuatro.

Y la recompensa llegó de forma dramática cuando conocí a una de las alumnas de mi clase, que ahora es mi esposa. Resultó que había enriquecido mi vida de un modo que solo puede evaluarse en términos de valores espirituales de la naturaleza más profunda. Ha traído a mi vida una felicidad que nunca habría conocido sin su influencia, y todo se remonta a un servicio que presté a mi amigo sin esperar compensación de ningún tipo.

Ir la milla extra tiene un hermano gemelo: la iniciativa personal. En el próximo capítulo, examinaremos el poder que inicia toda acción y cómo puedes aprovecharlo para tus logros personales.

CAPÍTULO 6

INICIATIVA PERSONAL

Examina el historial de cualquier persona exitosa y descubrirás que empezó con un Propósito Principal Definitivo y lo llevó a término por su propia iniciativa personal. *La iniciativa personal es el sexto principio de la Ciencia del Logro Personal.* Sin iniciativa personal, el éxito duradero es imposible.

Ni una sola de las 504 personas que me ayudaron a elaborar la Ciencia del Logro Personal carecía de la aplicación activa de este hábito de actuar por su propia iniciativa personal. Permíteme que te dé una ilustración de algunas de las personas sobresalientes que han obtenido un gran éxito al aplicar este principio, junto con los otros dieciséis principios de la filosofía.

Un ejemplo es Henry J. Kaiser. Durante la Segunda Guerra Mundial, se dedicó a fabricar barcos para el gobierno, y necesitaba que le enviaran vagones especiales con material procedente del este. Kaiser no quería correr riesgos. Por lo tanto, para asegurarse de que el material llegara a tiempo, puso a dos expedidores en cada vagón de material; uno permanecía despierto mientras el otro dormía, y viceversa. Un expedidor estaba siempre alerta. Recorrieron el continente en esos vagones. Tenían instrucciones de que si algún ferroviario se atrevía a desviar esos vagones, el expedidor llamaría inmediatamente por teléfono al presidente de la compañía ferroviaria y exigiría que los vagones avanzaran. Así de decidido actuaba el Sr. Kaiser para asegurarse de que se llevara a cabo su iniciativa personal.

El gran estilo de vida norteamericano se basa en el principio de la iniciativa personal. La llevan a cabo sus líderes. La aplicación y el seguimiento del principio se remontan a los días de la Revolución Americana, cuando aquellos cincuenta y seis hombres decididos firmaron el documento más importante conocido por la humanidad. Necesitaron la Definitividad de Propósito para hacerlo.

Tuve el privilegio de volar en el primer avión que fabricaron los hermanos Wright. Estaban demostrando a la Marina estadounidense la posibilidad de que el avión volara con éxito. Me eligieron pasajero para ir con Wilbur Wright desde Washington hasta Alexandria y volver, dieciséis kilómetros. Aquella demostración hizo posible que la Marina comprara un avión. Antes de que Orville y Wilbur Wright lograran crear este avión, fracasaron muchas veces; pero persistieron por su propia iniciativa personal.

Thomas A. Edison, en el desarrollo de la lámpara eléctrica incandescente, experimentó 10.000 fracasos diferentes. Su iniciativa personal era tan definitiva que me dijo que si no hubiera encontrado el secreto de la lámpara eléctrica incandescente, todavía estaría en el laboratorio trabajando en ello, en vez de estar perdiendo el tiempo hablando conmigo.

Luego, en un tono más serio, el Sr. Edison dijo: "Sabes, tuve que lograr el éxito porque finalmente se me acabaron las cosas que no funcionaban". Pensé en ese comentario tantas veces, preguntándome por qué más personas no siguen adelante hasta que se les acaban las cosas que no les funcionan. Como Edison, seguro que encontrarán la cosa que *sí* funcionará.

Yo mismo, por ejemplo —al dedicar más de veinte años a la investigación del eslabón perdido de la filosofía conocida ahora como la ley de la Fuerza Cósmica del Hábito—, mi iniciativa personal persistente produjo finalmente una descripción completa y factible de esta gran ley de la naturaleza, en la que se funden todos los otros dieciséis principios de esta filosofía y de la cual tienen que depender para su aplicación automática.

. . . .

La iniciativa personal
lleva a la grandeza.

. . . .

Por último, pero el más importante de todos, el hábito de la iniciativa personal tiene que comenzar por su aplicación en las circunstancias pequeñas y sin importancia de la vida cotidiana. Las circunstancias pequeñas y sin importancia de la vida pueden llevar a la grandeza a quienes tienen iniciativa personal. Sé testigo de la siguiente historia acerca de cómo un simple acto de un joven fue su primer paso hacia la fama y la fortuna.

Sucedió una gélida mañana en que el vagón de tren privado de Charles M. Schwab fue desviado a una vía alternativa que lo llevó a Bethlehem, Pennsylvania. Al bajar del vagón, el Sr. Schwab fue recibido por un joven con un cuaderno de taquígrafo en las manos, y le explicó que era taquígrafo en la oficina de la empresa. Había venido a encontrarse con el Sr. Schwab con la esperanza de que pudiera escribir cualquier carta o telegrama que el gran acerero quisiera enviar.

—¿Quién le ha pedido que esté aquí? —preguntó el Sr. Schwab.

—Fue idea mía, señor —respondió el joven—. Yo sabía que usted venía en el tren de primera hora de la mañana porque me encargué de los telegramas que anunciaban su llegada.

El Sr. Schwab agradeció al joven su consideración y le dijo que le llamaría más tarde si necesitaba sus servicios... y así fue.

Cuando el vagón privado de Schwab regresó a Nueva York aquella noche, el joven Al Williams estaba a bordo. Fue trasladado, a petición del Sr. Schwab, a la oficina privada del gran acerero en Nueva York. En su nuevo empleo, el joven Williams tuvo la oportunidad de conocer y familiarizarse con muchos de los banqueros y corredores de bolsa influyentes del Sr. Schwab en Wall Street. Gracias a sus relaciones personales, unos cinco años más tarde fue invitado a convertirse en presidente de una gran empresa mayorista de medicamentos, con un sueldo fabuloso y un porcentaje de acciones de la empresa.

Empieza ahora a movilizarte por iniciativa personal, porque nadie lo hará por ti. Adopta un Propósito Principal Definitivo. Traza un plan para su obtención, y sigue el plan. Si el primer plan no funciona, cámbialo por otro, pero no tienes por qué cambiar tu propósito.

Si no tienes todas las cosas materiales que necesitas para llevar a cabo tu propósito, ten esperanza en el hecho de que si usas lo mejor posible lo que tienes, se pondrán a tu disposición otros materiales mejores. Si haces esto, tu imaginación te revelará muchas oportunidades relacionadas con tu propósito. La oposición desaparecerá y la cooperación ocupará su lugar. A partir de entonces, la marcha será fácil y el camino libre, porque estarás conectado con las fuerzas de la Inteligencia Infinita que te conducirán a tu meta.

CAPÍTULO 7

AUTODISCIPLINA

Para alcanzar cualquier meta, la autodisciplina es esencial, por lo que es lógico que *la autodisciplina* sea el séptimo principio de nuestra lista de diecisiete estrategias para el éxito. La autodisciplina te hace pensar primero y actuar después. Comienza con el dominio de tus pensamientos y, en consecuencia, de tus actos. La autodisciplina te proporciona un control total sobre tus emociones y tus hábitos físicos.

El punto de partida en el desarrollo de la autodisciplina es la Definitividad de Propósito. El deseo obsesivo es la dinamo que da vida y acción a la Definitividad de Propósito. Ten cuidado con lo que te propones por medio del deseo obsesivo, porque la mente subconsciente se pone a trabajar para traducir ese deseo en su equivalente material. La autodisciplina no puede obtenerse de la noche a la mañana. Se tiene que desarrollar paso a paso a través de la formación de hábitos definitivos de pensamiento y acción.

Es sorprendente lo que puedes hacer con tu mente si tomas posesión de ella y la usas de la forma en que el Creador pretendía que la usaras: proyectar tu mente hacia lo que más quieres en la vida y mantenerla fija en ello, no en lo que no quieres.

Diez reglas para una autodisciplina provechosa

Voy a darte diez reglas para una autodisciplina provechosa. Son reglas de mi propia cosecha. Algunas son muy simples, pero te serán muy útiles.

1. *Mantén la calma cuando otros pierden la calma.* Sé que puedes estar de acuerdo con eso, pero no estoy seguro de que siempre lo puedas cumplir. Todos tendemos a exaltarnos cuando el otro se exalta, a decir cosas airadas cuando el otro empieza a decir cosas airadas.

   Yo estaba en casa del presidente de una gran compañía eléctrica un domingo por la noche, cuando se desató una tormenta. El presidente llamó a uno de sus jefes para que fuera a ocuparse de una emergencia provocada por la tormenta. El hombre estuvo fuera cerca de dos horas, y entonces subió al porche de la casa del presidente y le llamó a la puerta.

   En toda mi vida no he oído a nadie recibir tantos reclamos como los que recibió el presidente de la compañía eléctrica. El hombre le dijo: "Usted...[maldiciones]. Usted cree que porque es el presidente de la compañía...[maldición tras maldición]. Y yo soy tan bueno como usted...[más maldiciones]". Oh, fue tremendo. Solo oí un lado de la conversación porque solo había un lado. Un hombre hablaba y el otro escuchaba.

   Tras tres minutos de protestas, el hombre se quedó sin aliento y no tenía nada más que decir. Estaba enojado porque le habían llamado para salir en una noche tormentosa. Oí al presidente cerrar la puerta; luego volvió a entrar en la habitación y simplemente sonrió. Dijo: "Vaya, ese hombre estaba un poco acalorado, ¿verdad?". Eso fue todo lo que dijo.

Por lo que había escuchado, yo esperaba que en cualquier momento empezaran a volar los puños en el porche. En lugar de ello, aquí se encontraba un hombre que había alcanzado grandes logros económicos, y lo había conseguido gracias a la autodisciplina... la autodisciplina en todos los aspectos. No se proponía permitir que un trabajador, temporalmente desequilibrado por su ira, le desequilibrara y le hiciera rebajarse a ese nivel. Simplemente no lo hizo. Eso es autodisciplina.

Cuando te metes en una disputa con alguien, y lo más probable es que suceda, si te quedas callado mientras la otra persona se desahoga, eventualmente la otra persona se quedará sin qué decir. Entonces, si quieres articular tus propias palabras, es un buen momento para hacerlo. Y está muy bien si las palabras que dices son amables, no las palabras antagonistas que has estado oyendo.

En otras palabras, si dices algo amable a cambio, es mucho mejor para ambos. Demuestra que eres el mejor de los dos. Cualquiera puede enfadarse y explotar por lo que alguien hace o dice; ocurre todo el tiempo. Pero la persona verdaderamente grande y dueña de sus emociones no se rebajará al nivel de una pelea callejera o una disputa en la que se intercambien palabras ásperas. Las personas autodisciplinadas simplemente no lo permitirán.

2. *Recuerda que todos los disputas tienen tres lados.* Por lo general pensamos que hay dos lados en todas las disputas, pero no es así; hay tres. Está tu lado, está el lado de la otra persona y luego está el lado correcto, que suele estar más o menos en medio de los dos puntos de vista. Recuérdalo cuando entres en una discusión con alguien. No des por

sentado que la otra persona siempre tiene la culpa. Quizá tú también tengas parte de culpa. Tal vez ninguno de los dos tenga toda la culpa. Lo más probable es que, en todas las discusiones que he oído en mi vida, ambas partes tuvieran parte de culpa de una manera u otra. Nunca he oído una discusión en la que una de las partes tuviera toda la culpa, aunque sospecho que a veces ese es el caso.

3. *Nunca des directrices a un subordinado cuando estés enfadado.* Si el asunto es urgente, tranquilízate rápidamente.

4. *Trata a todas las personas, en la medida de lo posible, como si fueran parientes ricos a los que esperas que te recuerden en su testamento.* Esa es una buena. Si tratas a las personas como si fueran parientes ricos que te darán una herencia, serías amable y complaciente. Si alguien fuera a dejarte un millón de dólares, o sospecharas que lo iba a hacer, lo más probable es que nunca le replicarías ni serías desagradable. ¿Verdad? Claro que no. Serías muy tonto si fueras así. Callarse por un millón de dólares me parece un precio muy fácil de pagar.

5. *Busca la semilla de un beneficio equivalente en cada circunstancia desagradable.* Independientemente de cuál sea la circunstancia desagradable, hazte el propósito de disciplinarte para buscar la semilla de un beneficio equivalente. Empieza a buscar en relación con las circunstancias. No esperes una semana o dos para descontrolarte por la situación. Empieza justo donde estás; así disminuirá el golpe. Cuando empieces a buscar la semilla del beneficio, disminuirá el dolor de la herida, sea cual sea.

6. *Aprende el arte casi olvidado de hacer preguntas y luego escuchar las respuestas.* Cuando estás enfadado, la tentación de responder con ira es muy grande. Lo sé porque he

pasado por ello muchas veces. No lo hagas. Sé más grande que eso. Escucha lo que la otra persona tiene que decir. Cuando alguien hace una afirmación de la que no estás seguro, haz solo una pregunta.

Es una pregunta que sirve para más propósitos que cualquier otra pregunta corta que se me ocurra. Cuando alguien hace una afirmación sobre la que dudas o tienes dudas, pregúntale: "¿Cómo lo sabes?". Luego espera una respuesta. Probablemente verás cómo la persona se retuerce. Con frecuencia no hay respuesta.

Las personas hacen afirmaciones descabelladas que no puede respaldar. En lugar de entrar en una discusión, haciendo un incidente del asunto y poniéndote a discutir, deja que sea el otro quien dé la respuesta a "¿cómo lo sabes?

Había una vez un clérigo en mi clase que era muy, bueno, era un fanático, se podría decir, en el tema de la religión. Estaba seguro de que sabía exactamente lo que me ocurriría después de la muerte, y lo dijo sin rodeos, no en clase, sino en una conversación privada. Durante un buen rato despotricó acerca de ello. Cuando terminó de hablar, le dije: —¿Cómo lo sabe, Pastor?

Eso sí que le puso de los nervios. Dijo: —Así es como yo lo percibo. Esa es mi fe.

Le dije: —Bueno, tener creencias y fe es una cosa, pero tener evidencias es otra cosa. ¿Cómo puede usted saber lo que me ocurrirá después de morir? yo no lo sé, y dudo que usted lo sepa. ¿Cómo puede saberlo?

Nunca me dio una respuesta satisfactoria.

A lo largo de nuestra vida escuchamos muchos comentarios acerca de una gran variedad de temas, y si haces esa sola pregunta: "¿Cómo lo sabes?", por lo general disiparás cualquier posible incidente desagradable. No hace falta que te enojes.

7. *Nunca digas ni hagas nada que pueda influir en otra persona sin preguntarte primero si ayudará o lastimará a alguien.* Si lastimará, no lo hagas. No digas ni hagas nada que pueda dañar a alguien en ninguna circunstancia, por mucho que se lo merezca. Ejerce la autodisciplina. Si haces daño a otra persona, te harás diez veces más daño a ti mismo, como mínimo, porque esa herida se volverá contra ti.

No me importa quién seas ni en qué circunstancias trabajes o vivas: si haces daño a otra persona, te harás diez veces más daño a ti. Y si el daño no se produce inmediatamente, la tasa de interés del daño se agrava. Será cien veces mayor si esperas lo suficiente, porque todo lo que haces a o para otra persona te lo haces a o para ti mismo. De eso no hay escapatoria. Es una ley de la naturaleza como la ley de la gravitación, que todo el mundo comprende.

. . . .

Todo lo que haces a o para otra persona te lo haces a o para ti mismo.

. . . .

8. *Aprende la diferencia entre el análisis amistoso y la crítica inamistosa; luego decide por cuál deseas vivir en tus relaciones con otros.* El análisis amistoso es una cosa y es bien recibido por la mayoría de las personas sensatas. Yo no

me opongo al análisis amistoso de nada de lo que hago, aunque sea muy desfavorable. Si es un análisis amistoso, me agrada, porque puedo mejorar al escucharlo. Si es una crítica inamistosa —una crítica poco amistosa muy obvia y no un análisis—, entonces lo resiento. Yo no sería humano si esa no fuera mi reacción.

¿Cómo puedes saber si es un análisis amistoso o una crítica inamistosa? Hay muchas maneras. Para empezar, puedes saber si es amistoso o no por tu relación con la persona que lo hace. Si se trata de un enemigo, lo más probable es que puedas descartarlo desde el comienzo porque casi sabes que va a ser una crítica inamistosa. Puedes saberlo por el tono de voz de la persona y por la forma en que te la ha dicho. Alguien que hace una crítica inamistosa suele usar junto a ella algunos epítetos que indican claramente su prejuicio. Si tienes autodisciplina, no te dejarás influir por ese tipo de persona.

9. *Recuerda que un buen líder, en cualquier vocación, puede recibir órdenes tan alegremente como las da.*

10. *Por último, pero no por ello menos importante, recuerda que la tolerancia en las relaciones humanas es tan impor-*tante como la tolerancia en la operación de la mecánica.

Los efectos de la falta de autodisciplina

Quiero darte algunos ejemplos de lo que puede hacer la falta de autodisciplina.

Vengo de Virginia, y nuestro estado hermano colindante es West Virginia. Conocemos a los verdaderos Hatfield y McCoy, los hemos conocido a lo largo de los años. Hace varias generaciones, uno de los cerdos jabalíes de los Hatfield se metió en uno de los maizales de los McCoy, y estos echaron a su perro sobre el cerdo y le arrancó la oreja. El cerdo no valía entonces más de un dólar y medio, pero empezaron a dispararse unos a otros al ver aquel cerdo. No sé cuántos Hatfield y cuántos McCoy han muerto, pero han sido bastantes.

Siguieron con su pleito por dos generaciones: matándose unos a otros, a la vista, por un cerdo que valía un dólar y medio. En algún momento alguien no usó la autodisciplina. Una oreja de cerdo inició aquella disputa, que se hizo famosa en todo el país. No me cabe la menor duda de que has oído hablar de los Hatfield y los McCoy. No fue una disputa imaginaria, fue real.

La mayoría de nosotros nos dejamos llevar por el hábito de convertir las pequeñas molestias en un incidente, en detrimento nuestro. Casi todos los días de nuestra vida convertimos una pequeña molestia en un incidente, permitiendo que se convierta en un incidente en lugar de simplemente guiñarle un ojo, mirar en otra dirección o guardar silencio. Las personas que ejercen la autodisciplina pueden detener una disputa antes de que empiece.

La vida está llena de cosas desagradables con las que debemos lidiar. Nunca avives el fuego de un incidente desagradable hasta convertirlo en el calor blanco de una fuerte discusión. Si lo intentas, siempre podrás evitarlo. Dices: "Oh, pero mi orgullo". Al diablo con tu orgullo. En la mayoría de los casos, tu orgullo no es más que terquedad. Olvídate de tu orgullo. No tienes por qué escuchar todo lo que resulta ser los insultos, pero tampoco tienes por qué dejar que alguien te golpee en ambos lados de la mejilla. Antes de clavarle los dientes en la garganta, al menos deja que tenga una oportunidad contigo.

Un incidente muy pequeño puede iniciar una enemistad, como la enemistad entre Hatfield y McCoy. Puede durar generaciones. Ese tipo de emoción negativa continua te quita el apetito, forma úlceras de estómago, dolores de cabeza y hace que se te arruinen los dientes más pronto de que sucedería en otras circunstancias.

....

Las personas que ejercen la autodisciplina pueden detener una disputa antes de que empiece.

....

Solo el Señor sabe qué otros cosas te puede hacer la falta de autodisciplina, cuando permites que un pequeño incidente insignificante te altere, te perturbe y te desequilibre. No lo hagas. No tienes por qué hacerlo. Sé más digno que eso. Sé más agradable. Aprecia más ese gran libre albedrío que te dio el Creador; es decir, la capacidad de controlar tu propia mente y hacer de ella lo que quieras que sea.

Mahatma Gandhi esperó varias décadas sin hacer ningún incidente de la ocupación británica de la India. Finalmente, venció por completo gracias a la autodisciplina. Gandhi podría haber protagonizado incidentes una y otra vez que habrían provocado su muerte, su destrucción total; pero fue más inteligente que eso. No permitió que las pequeñas molestias se convirtieran en grandes incidentes. Permitió que el tiempo tomara todos los pequeños incidentes, los envolviera en una pequeña bola y los arrojara a la nada. Lo llamaba "resistencia pasiva"; es decir, no aceptar algo que no quería. Nunca procuró resolver un incidente por la fuerza, con palabras fuertes o coaccionando. Se logra mucho más cuando uno espera hasta el momento oportuno para conseguir algo.

Las conversaciones triviales y los chismes suelen dar lugar a incidentes desagradables. Si no puedes encontrar algo agradable de lo cual hablar, será mejor para ti que te limites a escuchar. Quizá el mayor cumplido que me han dado en la vida fue el del ya fallecido Dr. William P. Jacobs, presidente del Presbyterian College de Clinton, Carolina del Sur, con quien estuve asociado durante dos años. Yo llevaba un año enseñando en esta universidad y, durante ese tiempo, el Dr. Jacobs y yo mantuvimos muchas conversaciones de negocios, personales y sociales, acerca de política, religión y todo lo demás. Un día me dijo: —¿Sabes qué es lo que más me gusta de ti?

Le contesté: —No, no lo sé. ¿Qué es?

Me dijo: —Nunca entablas conversaciones triviales.

Le dije: —Gracias. Algunas me han parecido bastante ligeras.

Me dijo: —Puede que algunas fueran ligeras, pero nunca fueron chismes ni conversaciones triviales. Simplemente no te dedicas a esa clase de cosas.

Hasta entonces, yo nunca había hecho un inventario de mis hábitos, pero podía ver a qué se refería, porque nunca iniciaba una conversación con incidentes de chisme, o conversaciones triviales, o calumnias, sino que simplemente no hacía ese tipo de cosas. Si alguien abría esas conversaciones, yo permanecía en silencio o me levantaba y me ocupaba de dar un paseo por el pasillo.

La aplicación de la autodisciplina

La actitud mental con la que te relacionas con incidentes representa la encrucijada de tu vida en la que tomas el Gran Bulevar hacia el éxito o el camino pedregoso hacia el fracaso. Quiero darte una idea de los puntos en los que debe aplicarse la autodisciplina. Estoy seguro de que en algún momento, si te pones al tanto de seguir cada una de estas sugerencias, encontrarás algunos beneficios. La mayoría de las personas fracasan a lo largo de su vida porque carecen de autodisciplina. He aquí algunas circunstancias vitales en las que la falta de autodisciplina conduce al fracaso también en otros aspectos. Aquí es donde debe empezar la autodisciplina:

En primer lugar, necesitas autodisciplina para adoptar un propósito definitivo y planear llevarlo a cabo.

En segundo lugar, necesitas autodisciplina para abstenerte de aceptar de la vida cualquier cosa que no quieras. Y sí, me refiero a cualquier cosa y a todo. Es verdad que nunca en mi vida he aceptado de la vida algo que no quería. Hoy puedo decirte con toda sinceridad que tengo sobre la faz de la tierra todo lo que puedo usar, necesitar, querer o desear, y lo tengo en abundancia. Lo tengo manteniendo mi mente fija en las cosas que quiero y apartada de las que no quiero.

En tercer lugar, necesitas autodisciplina para tomar posesión de tu mente, que es la única cosa que la naturaleza te dice que debes hacer. Haz de ello un hábito; haz de ello una serie de hábitos. Toma posesión de tu propia mente. No permitas que las circunstancias de la vida, las palabras de otras personas, los pensamientos de otras personas, las creencias de otras personas, ni nada, te priven del privilegio de hacer de tu mente lo que tú quieras que sea. Esa es la mayor forma de autodisciplina en la que puedes comprometerte, porque eso es lo que te convertirá en un individuo autodeterminado, libre e independiente: ninguna otra cosa lo hará.

En cuarto lugar, necesitas autodisciplina para establecer el hábito de no limitarte. En el análisis final, solo hay una persona de gran trascendencia en el mundo: ni Harry Truman, ni José Stalin, ni Brzezinski, ni Napoleón. ¿Quién es? ¿Quién es la persona de mayor trascendencia en el mundo? Tú eres la persona de mayor trascendencia en el mundo. ¿Por qué no habrías de serlo? No eres totalmente responsable de nadie más que de ti mismo a la hora del análisis final, y debes considerarte la persona más importante del mundo. Desde tu propio punto de vista, eres la persona de mayor trascendencia . Si te subestimas, si descartas tu fe en ti mismo, no estás ejerciendo la autodisciplina de la forma que la naturaleza pretendía.

En quinto lugar, la autodisciplina te impide pensar más a menudo en el fracaso que en el éxito. No desarrolles una conciencia de fracaso. Las personas que logran el éxito disciplinan sus mentes para fijarse en el lado del éxito de la vida. Desarrollan eso teniendo una conciencia del éxito, una conciencia que empieza a funcionar automáticamente y atrae hacia ellos oportunidades. Atrae a ellos personas que quieren cooperar.

Toma en cuenta a cualquier persona exitosa, y todo lo que toca se convierte en oro. Si ves a alguien fracasado, y todo lo que toca se convierte en polvo, o algo menos que polvo, porque tiene una conciencia de fracaso. Tan cierto como el hecho que estás leyendo este libro ahora mismo, lo que te ocurre, lo que atraes hacia ti, corresponde igualmente al estado de tu mente, y tú controlas ese estado mental. Puedes convertirlo en cualquier cosa que desees que sea: esa es la autodisciplina en su forma más elevada.

CAPÍTULO 8

ATENCIÓN CONTROLADA Y CONCENTRACIÓN

Puede que la función más importante de la autodisciplina es ayudarte a mantenerte enfocado en cualquier objetivo deseado hasta que lo alcances. Solo la autodisciplina más estricta te ayudará a dominar el octavo principio de la Ciencia del Logro Personal: *la atención controlada y la concentración.*

La atención controlada es el acto de coordinar todas las facultades de la mente y dirigir el poder combinado hacia un fin determinado. El control es la clave de este poder del pensamiento. La atención no controlada ni dirigida no puede ser más que curiosidad ociosa.

El éxito, en todos los niveles superiores de la realización individual, se logra mediante la aplicación del poder del pensamiento debidamente organizado y dirigido hacia fines definitivos. El poder, ya sea el poder del pensamiento o el poder físico, se obtiene mediante la concentración de la energía.

La mayor de todas las formas de poder del pensamiento es la que se desarrolla mediante la aplicación del principio de la Mente Maestra. Porque aquí, el poder de muchas mentes individuales puede concentrarse en la obtención de un objeto determinado. El científico concentra su mente en la búsqueda de los hechos ocultos y los secretos de la naturaleza. He aquí que los

poderes combinados del universo parecen conspirar para reve-
lárselos. Los militares se concentran en la guerra organizada, y
a través de su búsqueda de armas de guerra nuevas y más eficaces descubren nuevos y mejores medios de producción en la
industria; nuevas fórmulas en química, física, biología, psicología; y muchos otros atajos hacia fines deseables en el negocio de
la vida. La concentración del poder militar, en un punto dado,
es el medio de mayor importancia por el cual se obtienen las
victorias.

· · · · · · · · · · · · · · · ·

Atención no controlada ni dirigida no puede ser más que curiosidad ociosa.

· · · · · · · · · · · · · · · ·

En los negocios y en la industria, el principio de la concentración es la clave del éxito. William Wrigley, Jr, se concentró en la
fabricación de un paquete de chicles de cinco centavos y vivió
para ver cómo toda la población de la nación adquiría el hábito
de mascar chicle, por no mencionar la fortuna que acumuló por
sus esfuerzos. F. W. Woolworth se concentró en la operación de
tiendas de cinco y diez centavos y acumuló una gran fortuna con
la venta de chucherías y artículos de bajo precio.

John D. Rockefeller se concentró en el refinado y la venta de
petróleo, e hizo que le proporcionara una fortuna suficiente para
cubrir las necesidades de 10.000 hombres a quienes empleaba.
Henry Ford se concentró en la fabricación y distribución de un
automóvil fiable y de bajo precio, y se convirtió en el director de
una de las más grandes empresas industriales de Norteamérica.
Edgar Bergen se concentró en un bloque de madera llamado

Charlie McCarthy e hizo que le trajera fama y fortuna mucho más allá de sus necesidades ordinarias.

Madame Curie se concentró en el descubrimiento de la fuente del radio y mantuvo su mente en ese propósito hasta que la naturaleza se vio obligada a renunciar al secreto del radio. Los firmantes de la Declaración de Independencia se concentraron en el deseo de libertad personal para las personas de los Estados Unidos. Se concentraron tan efectivamente que la libertad puede llegar a ser propiedad común de todos los pueblos del mundo.

Andrew Carnegie se concentró en la fabricación y venta de acero y se mantuvo firme en su propósito hasta que inauguró la gran era del acero, que estaba destinada a cambiar, para mejor, los hábitos y el nivel de vida de las personas de toda una nación. Sus esfuerzos le reportaron más dinero del que pudo repartir en vida.

Wilbur y Orville Wright se concentraron en la fabricación de aviones, y vivieron para ver cómo el producto de sus cerebros se convertía en el dueño del aire. Thomas A. Edison se concentró en la invención científica. Aunque prácticamente carecía de educación formal, vivió para ver cómo el producto de su cerebro servía a la humanidad de no menos de cien formas distintas. El mundo está en deuda con él por la gran era eléctrica, que ha mejorado todo el modo de vida americano al reducir el trabajo de hombres y mujeres.

Henry J. Kaiser se concentró en la fabricación de barcos para cubrir las necesidades urgentes de un país en guerra. Aunque nunca antes había fabricado barcos, se concentró en su trabajo con tanta eficacia que asombró a toda la industria naval por su rapidez y eficacia, superando los esfuerzos de hombres que llevaban toda la vida dedicados a la construcción naval.

Por último, pero no menos importante, el Nazareno se concentró en la tarea de enseñar a las personas a convivir en paz y armonía. Aunque sus esfuerzos aún no han alcanzado el clímax previsto, sus enseñanzas se han convertido en la mayor influencia individual que jamás haya conocido este mundo.

Seis hábitos de la autodisciplina

La concentración en un propósito importante proyecta una imagen clara de ese propósito en la mente subconsciente y la mantiene allí hasta que es asumida por la conciencia y se actúa en consecuencia. Así pues, vemos que la oración puede expresarse mediante la concentración en un objetivo definitivo mediante los hábitos más estrictos de autodisciplina a través de estos seis factores:

1. *Definitividad de Propósito,* que es el punto de partida.

2. *La imaginación,* a través de la cual el objeto de nuestro propósito se ilumina y se refleja en la mente con tanta claridad que su naturaleza no puede confundirse.

3. *La emoción del deseo* encendida hasta que alcanza la proporción de un deseo ardiente al que no se le negará la plena realización.

4. *La fe* en la obtención del propósito obtenido por la creencia en la realización, que es tan fuerte, que podemos vernos ya en posesión de él.

5. Toda la fuerza de la *fuerza de voluntad* aplicada continuamente en apoyo a la fe.

6. *La sección subconsciente de la mente* toma la imagen que se le transmite y la lleva a cabo hasta su conclusión lógica por cualquier medio disponible, de acuerdo con la naturaleza del propósito.

Estos son algunos de los factores que entran en el principio de la concentración, y abarcan el procedimiento seguido en todas las oraciones que producen resultados positivos. Si falta alguno de estos factores en la oración, los resultados pueden ser negativos y, por lo tanto, decepcionantes. La concentración eficaz requiere que nuestra atención esté totalmente controlada y dirigida hacia un objetivo definitivo. Esta es precisamente la condición que debe prevalecer en todas las oraciones eficaces.

Ahora comenzamos a reconocer que el principio de la concentración eficaz es algo más que un medio para obtener cosas materiales; es un factor importante por el cual podemos obtener la Llave Maestra que abre la puerta a todas las riquezas, incluyendo las doce grandes riquezas. Reconocemos que la atención controlada es la forma más elevada de autodisciplina. La atención controlada se obtiene mediante los seis factores mencionados. La atención controlada es el acto de coordinar todas las facultades de la mente y solo puede obtenerse mediante la autodisciplina más estricta.

De hecho, no podemos controlar la atención y dirigirla hacia un fin determinado sin la influencia de apoyo de hábitos de pensamiento bien desarrollados, que solo se obtienen mediante la autodisciplina. Por lo tanto, es obvio que todos los principios anteriormente mencionados de esta filosofía se combinan con el principio de concentración y pasan a formar parte de él.

Toma el control total del poder de tu mente

Si has dominado los principios descritos anteriormente y has seguido todas las instrucciones dadas, ahora estás listo para hacerte cargo por completo de tu poder mental, y puedes dirigirlo hacia cualquier fin que desees con la seguridad razonable de que no fracasarás. Eso es atención controlada.

No es la carga de esta filosofía sugerirle a persona alguna la naturaleza o el propósito de lo que debe desear. El Creador no se reserva tal prerrogativa. Él le proveyó a cada persona el privilegio de dirigir sus pensamientos y deseos hacia fines de su propia elección; por lo tanto, la razón y el sentido común nos obligan a seguir ese ejemplo.

Sin embargo, podemos afirmar con énfasis, nacido de una gran cantidad de fe, que la atención controlada nos pone en el camino de la obtención de la Llave Maestra del poder de la mente, que puede ayudarnos a tomar el control total y completo de nuestra mente, que es un método científico de contactar y recurrir al gran depósito de la Inteligencia Infinita para el suministro de todas las necesidades humanas.

. . . .

La atención controlada es poder mental organizada.

. . . .

Creemos en estas verdades porque las hemos visto demostradas en una gran variedad de circunstancias que abarcan casi todos los tipos de progreso humano. La atención controlada es poder mental organizado. Cuando se aplica como oración, nos proporciona contacto directo con la fuente de todo poder. El Dr. Alexis Carrel dedicó treinta y tres años a la investigación científica en el Instituto Rockefeller. Es autor de *El hombre, lo desconocido*, y describió la oración de la siguiente manera:

La oración no es solo adoración; es también una emanación invisible del espíritu adorador del hombre, la forma más poderosa de energía que uno pueda generar. La influencia de la oración en la mente y el cuerpo humanos es tan demostrable como la de las glándulas secretoras. Sus resultados pueden medirse en términos de mayor flotabilidad física, mayor vigor intelectual, resistencia moral y una comprensión más profunda de las realidades que subyacen en las relaciones humanas.[3]

Puedes aprovechar el poder de la atención controlada si sabes precisamente lo que deseas obtener, y luego saturas tu mente con ello. Necesitas dar prioridad a este deseo sobre todos los pensamientos, traerlo a la mente repetidamente mediante discusiones de la Mente Maestra y tu propio pensamiento individual. Si usas la atención controlada, podrás imprimir tus deseos y propósitos en tu mente subconsciente, donde pasarán a formar parte de tu carácter. Tienes que tomar posesión de tu mente y dirigirla hacia la obtención de tu Propósito Principal Definitivo, o tu mente tomará posesión de ti y te dará cualquier cosa que las circunstancias de la vida te deparen.

CAPÍTULO 9

ENTUSIASMO

El entusiasmo es el factor de acción del pensamiento y el noveno principio de la Ciencia del Logro Personal. A menudo se confunde el entusiasmo con un sentimiento animado, pero no se puede obtener el entusiasmo dando saltos o corriendo de un lado a otro. El verdadero entusiasmo procede del interior, e influye en la mente subconsciente para que actúe con prontitud sobre tus deseos ardientes. Y el verdadero entusiasmo genera entusiasmo en otros.

Cuando enciendes tu entusiasmo, intensificas las vibraciones de los pensamientos que salen de tu cerebro, para que lleguen y afecten a otros más rápidamente. De hecho, puedes transmitir pensamientos tan intensificados por el entusiasmo silencioso que llegarán e influirán en otras personas hacia quienes diriges tus pensamientos. Es un hecho conocido por los psicólogos desde hace siglos, y también por la mayoría de los expertos en ventas, que usan este método para condicionar las mentes de sus posibles compradores aun antes de hablar con ellos.

Seguro que has observado que el entusiasmo es muy contagioso, que capta la atención de quienes caen bajo su influencia y hace que respondan con un espíritu de entusiasmo similar. Una vez oí decir a Andrew Carnegie que si sueltas a un hombre que piensa en términos de intenso entusiasmo en una planta industrial que emplea a miles de personas, el entusiasmo de este hombre alcanzará e influirá muy rápidamente en todas las personas de la planta. Y dijo que no había la menor diferencia si el entusiasmo era negativo o positivo, edificante o destructivo. A continuación, el Sr. Carnegie pasó a explicar que en su selección de empleados para ascender a puestos más importantes, lo primero que buscaba era la capacidad de la persona para expresarse en términos de intenso entusiasmo. Dijo que el entusiasmo es uno de los rasgos más importantes que son necesarios para el liderazgo.

. . . .

El entusiasmo es uno de los rasgos más importantes que son necesarios para el liderazgo.

. . . .

Los abogados más exitosos no son necesariamente los que más saben sobre la profesión jurídica, sino los que saben influir en los tribunales y jurados con su convicción en sus casos y tienen una gran capacidad para expresarse con entusiasmo.

Cuando te presentan a alguien, tienes una oportunidad maravillosa de venderte favorablemente a esa persona por el grado de entusiasmo que expresas al aceptar la presentación. Cuando le das la mano a alguien, también tienes una magnífica oportunidad de causar una impresión favorable por la calidez del entusiasmo que pones en ese apretón de manos. Si hay algo que me deja desfavorablemente impresionado cuando me presentan a alguien, es una mano tendida que parece un trozo de jamón frío y que reacciona a la presentación con un frío y enlatado "encantado de conocerle" sin muestras de entusiasmo.

Un breve curso de promoción personal y ventas

Permíteme ahora darte un breve curso de promoción personal y ventas, que puede serte útil el resto de tu vida. Cuando te encuentras con alguien a quien deseas causar una impresión favorable, ya sea un desconocido o alguien que conoces, haz lo siguiente cada vez:

1. Enciende tu entusiasmo. Modula tu voz de modo que hagas sentir definitivamente a la otra persona que te agrada mucho comunicarte con ella.

2. Cuando estreches la mano de la persona, apriétala con fuerza y dale un apretón rápido y firme al final de cada palabra que expreses en tus saludos. Por ejemplo, di: "Encantado. Me alegro mucho de conocerte". Sin embargo, no le aplastes la mano, como sé que hacen algunas personas.

3. Luego, si inicias la conversación, asegúrate de dirigirla hacia algún tema de interés para la otra persona.

4. Sigue adelante haciendo preguntas con entusiasmo, lo que mantiene la atención enfocada en la otra persona. Luego, cuando estés preparado para que la otra persona escuche lo que tienes que decir acerca de ti o acerca de tu interés o tu negocio, se habrá preparado para escuchar atentamente.

Durante muchos años, enseñé cómo ser un vendedor experto. Y las dos primeras lecciones importantes fueron 1) habla con entusiasmo, y 2) vende a los posibles compradores a sus propias personas antes de venderles cualquier otra cosa. A menudo les decía a mis alumnos que la mejor manera de venderse a los demás es vender primero a los demás a sus propias personas.

Ese consejo era acertado cuando empecé mi capacitación y lo sigue siendo hoy.

Cuando era joven en la escuela, descubrí que los profesores de los que más aprendía eran los que expresaban mayor entusiasmo al enseñar. He escuchado decir a un médico experto que el entusiasmo que lleva consigo a la habitación del enfermo tiene más que ver con ayudar a que la persona se sane que todos los medicamentos que él pueda recetar.

Y ahora permíteme que te dé otro aspecto interesante acerca de los efectos del entusiasmo. He observado que el entusiasmo influye claramente y beneficia a quienes siguen el hábito de expresarlo en sus pensamientos y actos. El entusiasmo es una expresión de una actitud mental positiva, y los médicos saben desde hace tiempo que una actitud mental positiva ocupa un lugar destacado en la lista de influencias que ayudan a las personas a gozar de buena salud. Parece que los gérmenes de la enfermedad no pueden vivir y prosperar en el flujo sanguíneo de alguien cuya mente es siempre positiva.

Todavía tengo otra observación muy importante sobre el poder del entusiasmo. He observado que las oraciones expresadas con intenso entusiasmo producen reservas mucho más rápidas y satisfactorias. Puedes intentarlo por ti mismo y convencerte. Empecé a experimentar con esta idea hace muchos años. Y de mis experiencias obtuve información que me hizo cambiar por completo mi método de oración.

Sugiero que una forma muy práctica de empezar a aprender a expresarte con entusiasmo es seguir el hábito de leer en voz alta durante diez minutos diarios, poniendo en tu lectura todo el entusiasmo de que dispongas. Te sorprenderá en poco tiempo lo mucho que esto te ayudará a hablar con entusiasmo en tus conversaciones ordinarias. También te sugiero que adoptes el hábito de practicar el entusiasmo en tus conversaciones con tu familia y tus socios de negocio. Por cierto, este hábito te hará más popular entre tus allegados.

Puedes disfrutar de los beneficios del entusiasmo si te interesa lo suficiente como para desarrollar una técnica con la cual adquirir este hábito de tal manera que lo practiques con un tono de voz natural y no afectado. Si sigues mi sugerencia de leer durante diez minutos diarios como medio de adquirir el hábito del entusiasmo, recomiendo que escribas una lista de diez temas, cosas o circunstancias en las que tienes el mayor interés y que uses esta lista para practicar.

· · · · · · · · · · · · · · ·

Los buenos hábitos son esenciales para desarrollar una actitud entusiasta.

· · · · · · · · · · · · · · ·

Nunca dejes pasar ni un solo día sin dedicar tiempo al hábito del entusiasmo y a avanzar en tus planes. Practica hablar con entusiasmo ante un espejo. Si te encuentras con cualquier tipo de circunstancia desagradable, repite tu Propósito Principal Definitivo en la vida con gran entusiasmo. Repítelo una y otra vez hasta que el sentimiento negativo sea sustituido por un sentimiento positivo.

El entusiasmo controlado puede tener recompensas ricas y seguras. Recuerda que los buenos hábitos son factores poderosos en el desarrollo de una actitud. Así que, mantente firme en la creencia de que alcanzarás tu Propósito Principal Definitivo, sin importar lo lejos que esté.

Tu actitud mental determina la acción que emprenderá tu mente subconsciente en relación con el cumplimiento de tu propósito. Por lo tanto, mantén tu mente positiva en todo momento. El entusiasmo se nutre del pensamiento y la acción positivos.

CAPÍTULO 10

VISIÓN CREATIVA E IMAGINACIÓN

La mente subconsciente puede servir para poner en práctica el décimo principio universal del éxito: *la visión creativa y la imaginación*. La visión creativa puede ser innata o una cualidad adquirida. Se puede desarrollar por medio del uso de dos tipos de imaginación:

1. *Está la imaginación sintética,* que consiste en una combinación de ideas, conceptos, planes o hechos establecidos organizados en una combinación nueva. Básicamente, rara vez se descubren cosas o ideas nuevas. Casi todo lo que conoce y usa la civilización moderna no es más que una combinación de algo antiguo.

2. Existe una visión creativa que opera a través del *sexto sentido* y tiene su base en la sección subconsciente del cerebro, donde sirve de medio por el cual se revelan hechos o ideas básicamente nuevos.

Una de las características más extrañas de la visión creativa consiste en que rara vez funciona a menos que reciba inspiración por medio de un deseo ardiente o de algún motivo muy definitivo e intenso. Cuando dos o más mentes se fusionan en un espíritu de perfecta armonía y unidad de propósito, la facultad de la visión creativa se estimula en cada individuo a un ritmo de vibración que le permite sintonizar con la Inteligencia Infinita.

Si eres un estudioso de la psicología de la adoración, conoces por supuesto las alturas a las que puede ascender una mente individual durante ceremonias religiosas. Y puede que te interese saber que cualquier idea, deseo, plan o propósito que se traiga a la mente consciente durante estas experiencias de emoción intensificada es captado automáticamente por la mente subconsciente y llevado a cabo eventualmente hasta su conclusión lógica por cualquier medio natural de que disponga el individuo.

Cuando combinamos los principios de la Definitividad de Propósito, la alianza de la Mente Maestra, ir la milla extra y la Fe aplicada, nuestra mente queda condicionada para la aplicación del principio de la visión creativa. La cuestión de condicionar nuestra mente para la acción exitosa es un acto progresivo que se desarrolla paso a paso a través de los diecisiete principios de la Ciencia del Éxito, la Ciencia del Logro Personal.

· · · · · · · · · · · · · · ·

Cuando dos o más mentes se fusionan en un espíritu de perfecta armonía y unidad de propósito, la facultad de la visión creativa se estimula en cada individuo a un ritmo de vibración que le permite sintonizar con la Inteligencia Infinita.

· · · · · · · · · · · · · ·

Primero, como un ejemplo del uso de la imaginación sintética, examinemos el caso de la invención de la lámpara eléctrica
incandescente por Thomas A. Edison. Recordarás de un capítulo
anterior que Edison fracasó en más de 10.000 experimentos diferentes antes de descubrir finalmente las dos ideas sencillas que,
combinadas, dieron al mundo su primera luz eléctrica incandescente. Estaba usando la imaginación sintética, juntando viejas
ideas de una forma nueva. Entonces, casi por mera casualidad,
Edison recurrió al uso de la visión creativa y consiguió la respuesta a su problema en cuestión de minutos.

Se había pasado todo el día buscando la respuesta cuando,
agotado, decidió echarse una de esas siestas de quince minutos
por las que era tan famoso. Justo cuando se despertó, le vino a la
mente el elemento elusivo que había estado buscando a lo largo
de 10.000 fracasos. Consistía en uno de los dos factores que inter-
vienen en la fabricación de la lámpara eléctrica incandescente. Ya
había descubierto uno de estos factores — a saber, que al aplicar
energía eléctrica a ambos extremos de un cable, este se calentaba
hasta hacer una luz —, pero el problema era que el cable se que-
maba casi instantáneamente.

El segundo factor era algo conocido desde el descubrimiento
del fuego. Fue necesario que el subconsciente de Thomas Edison
le ayudara a conectarlo para lograr un invento que cambió el
mundo. Se trataba del sencillo principio por el cual se produce
el carbón vegetal. Al prender fuego a un montón de madera,
cubrirlo con tierra y dejar que el calor arda, la madera se quema
lentamente hasta que se convierte en carbón vegetal. Donde no
hay oxígeno, no puede haber combustión. Pero donde hay un
poco de oxígeno, que se filtra a través de la tierra, este quema
lentamente la madera hasta convertirla en carbón vegetal.

Cuando este pensamiento pasó por la mente de Edison,
corrió a su laboratorio, colocó un trozo de alambre doblado en
una botella, extrajo todo el aire, selló el cuello de la botella y luego

aplicó la energía eléctrica a los extremos salientes del alambre. Y fue así que nació la primera lámpara eléctrica incandescente del mundo, fruto de dos ideas sencillas unidas de una forma nueva. Naturalmente, el cable no podía quemarse rápidamente porque no le llegaba oxígeno, por lo tanto, no había combustión.

A partir de ahí, Edison empezó a poner en práctica la ley de la visión creativa, que le ayudó a descubrir más secretos de la naturaleza de los que había descubierto toda la humanidad hasta entonces. La invención de la lámpara eléctrica incandescente inauguró la gran era eléctrica, que se ha extendido hasta convertirse en una parte indispensable de todo nuestro sistema de economía. No solo ha generado cientos de miles de millones de dólares en riquezas materiales y ha proporcionado empleo a cientos de miles de personas, sino toma en cuenta lo que ha hecho para aligerar el trabajo físico de todas las personas.

Cabe señalar que cuando el Gran Supervisor da rienda suelta a una idea en este mundo, puede llegar a formar parte del plan que hay detrás de todo el universo. La imaginación no cambiará el curso de todo el universo en todos los casos, pero a veces hace la vida un poco más fácil y más provechosa para las personas que la reconocen y la usan.

Existe el caso muy interesante de uno de mis estudiantes que se alzó a la fama y la riqueza en cuestión de meses con solo la ayuda de la imaginación sintética. Se trata de Clarence Saunders, de Memphis, Tennessee. Clarence trabajaba en una tienda de comestibles local, repartiendo comestibles y abasteciendo las estanterías. Un día, cuando fue a comer, vio una larga cola de gente que estaba esperando servirse en una cafetería de autoservicio recién inaugurada, que era el primer lugar para comer de este tipo que él había visto. Por curiosidad, se puso en la cola y llenó su bandeja de comida. Cuando llegó a la caja, le vino una idea a la cabeza. Se entusiasmó tanto con la idea recién descubierta que corrió a su trabajo, fue a ver a su empleador y le dijo: "Jefe, acabo de descubrir una idea que nos hará ganar un millón de dólares. Convirtamos esta tienda de comestibles en una tienda de autoservicio donde las mujeres pueden entrar, ir detrás de los mostradores, llenar sus canastas de comida y luego pagar en la caja al salir.

Su jefe le dijo: —Ahora mira, Clarence. Ya te he dicho antes que tu imaginación algún día te traería problemas. A ver si lo entiendes: estás empleado aquí para entregar despensas, no para venderme ideas millonarias que no sirven para nada. Ahora voy a...

—Oh, no, usted no lo hará, —exclamó Clarence— porque renuncio.

Y renunció. La siguiente vez que oímos hablar de Clarence, había fundado la cadena de tiendas de autoservicio Piggly Wiggly y había abierto la primera puerta gracias al dinero de hombres que comprendían el valor de las ideas. Cuatro años después, vendió sus tiendas Piggly Wiggly y se embolsó algo más de cuatro millones de dólares. Y la idea ni siquiera fue creada por Clarence Saunders: simplemente la tomó prestada del plan de las cafeterías autoservicio. Se podría decir que aquel día tomó la idea de la cafetería, la arrastró de las orejas al otro lado de la calle y le dio un nuevo uso en el negocio de las tiendas de abarrotes.

Una de las características de la visión creativa es que rara vez funciona si no se inspira en un deseo ardiente o en un motivo muy definido e intenso. Cuando se combina con la imaginación sintética, los resultados pueden ser espectaculares.

Una buena ilustración es el caso de Orville y Wilbur Wright, quienes fabricaron y volaron la primera máquina voladora. Hasta entonces, nadie había hecho volar una máquina más pesada que el aire, pero los hermanos Wright siguieron experimentando mediante la aplicación de la imaginación sintética hasta que, por fin, se les reveló la ley de la visión creativa. Entonces fabricaron la máquina en la que realizaron su primer vuelo.

Por cierto, quizá te interese saber que el tocadiscos —o máquina parlante, como se llamaba originalmente— fue el único invento estrictamente básico que llegó a crear Thomas A. Edison. Todas sus demás patentes se revelaron mediante una combinación de imaginación sintética y visión creativa. La idea de la máquina parlante surgió en la mente de Edison "de la nada", como él mismo la describió. Y se puso a trabajar allí mismo, hizo un dibujo aproximado del primer modelo, fabricó la máquina, la probó y funcionó desde la primera prueba.

Maneras de estimular la visión creativa

Hay varias formas específicas de estimular tu propia visión creativa. A continuación se ofrecen puntos clave en el desarrollo de este principio para el éxito:

En primer lugar, ponte en buena relación con tu propia conciencia al seguir sus dictados, siempre. Después, deja de subestimarte y empieza a desarrollar la creencia en tu capacidad para hacer cualquier cosa que desees hacer. Mantén tu mente tan ocupada en conseguir las cosas y crear las circunstancias que deseas, que no tendrá tiempo de preocuparse acerca de lo que no quieres.

Descubre quién eres, qué quieres de la vida, qué tienes que dar a cambio, y luego apóyate con todo lo que tienes. Agudiza tu imaginación manteniéndola siempre ocupada en un deseo obsesivo; obsesivo, no un mero anhelo ilusionado. Y sé al menos tan bueno con tu cuerpo físico como lo eres con tu automóvil, asegurándote de que recibe el combustible y el mantenimiento adecuados y la limpieza apropiada desde dentro hacia fuera.

. . . .

El éxito es la capacidad de conseguir de la vida lo que quieres sin violar los derechos de otras personas.

. . . .

Deja de agobiarte con el temor y la preocupación. Reserva una hora de silencio en la que estarás quieto y escucharás la guía de la pequeña voz que habla desde tu interior; así podrás descubrir y apropiarte del mayor de todos los poderes: el poder de la visión creativa. La visión creativa no es el producto del ajetreo, el temor, la preocupación, la ansiedad y la codicia; es el producto de la meditación, el silencio y la oración.

Una persona ingeniosa siempre hará que la oportunidad se adapte a la necesidad. Puedes aplicar la visión creativa y la imaginación a cualquier situación. Por ejemplo, supongamos que eres un empleado que trabaja para una empresa. Para poner tu imaginación al servicio del trabajo, piensa en primer lugar en un plan que pueda ayudar a cualquier empleado a hacer mejor su trabajo. Después piensa:

- ¿Puedes mostrar a la empresa cómo puede ahorrar dinero en una operación?

- ¿Puedes sugerir a la empresa un producto que podría fabricar y mercadear con beneficios?

- ¿Puedes idear un plan que permita a la comunidad circundante apreciar mejor el impacto de la empresa en ella?

- ¿Puedes sugerir una idea que te haría más feliz en tu trabajo y valdría más para la empresa?

- ¿Puedes sugerir cinco normas de conducta que harían a cualquier persona más popular entre sus asociados?

Y personalmente:

- ¿Puedes nombrar cinco beneficios que podrías obtener siguiendo el hábito de ir la milla extra, es decir, prestando más y mejor servicio del que te pagan por prestar y haciéndolo con una actitud mental positiva y agradable?

- ¿Puedes dar una definición práctica de tu idea del éxito? ¿Cuál sería esa definición? Mi definición es que el éxito es la capacidad de conseguir de la vida lo que quieres sin violar los derechos de otras personas.

- ¿Puedes nombrar la causa más importante del éxito?

- ¿Puedes nombrar cinco cosas que podrías hacer para conseguir un ascenso y más sueldo?

- ¿Puedes decir definitivamente qué puesto deseas ocupar dentro de cinco años? ¿Y qué ingresos esperas tener? ¿Y en qué tipo de casa esperas estar viviendo?

- ¿Quién crees que es la persona viva más importante? Esa respuesta debe interesarte mucho, porque la verdad es que, por lo que a ti respecta, tú eres la persona más importante que vive ahora.

- ¿Puedes nombrar tres cosas que hacen que nuestro estilo de vida americano sea superior al de otros pueblos?

- ¿Cuáles son tus reglas para hacer y conservar amigos?

- ¿Quién es el que da ascensos, el empleado o el empresario? ¿Cuáles son tus reglas para ganar un ascenso?

- ¿Puede un empleado conseguir más quejándose y buscando culpables que cooperando amistosamente con la dirección?

- ¿Te desagradan las personas que no están de acuerdo contigo y con tus ideas en general?

- ¿Sabes cuál es tu mayor defecto y tu mayor virtud?

- ¿Qué dirías que es lo más importante que controlas?

- ¿Puedes controlar tu actitud mental a voluntad? Si es así, ¿cómo lo haces?

- ¿Piensas por ti mismo o dejas que otros te influyan con su forma de pensar?

- ¿Puedes nombrar a las diez personas que más han contribuido a lo que llamamos el estilo de vida americano?

- ¿Quién es, en tu opinión, nuestro más destacado líder empresarial e industrial actual, y por qué?

Si puedes contestar correctamente a todas estas preguntas, habrás desarrollado una maravillosa capacidad para usar tu imaginación. Si tienes imaginación, tendrás las respuestas a estas preguntas, o las conseguirás eventualmente.

La imaginación inspira nuevas ideas y cosas materiales. Inspira a usar la iniciativa personal y crea entusiasmo. Te da la voluntad de volver a intentar tras la derrota. Como descubrirás en el próximo capítulo, hay buenas razones para recuperarse de la derrota y mucho que aprender de la adversidad.

CAPÍTULO 11

APRENDE DE LA ADVERSIDAD

Si reconoces que la adversidad y la derrota son un punto de inflexión en el camino hacia el éxito, cambiarás tu actitud hacia ellas. *Aprender de la adversidad* es el undécimo principio de nuestra Ciencia del Logro Personal. En este proceso de aprendizaje descubrirás un poder que no sabías que poseías.

Ninguna circunstancia puede denominarse realmente fracaso hasta que el individuo la acepta como tal. Todas las personas se enfrentan a veces a la adversidad, la derrota y el fracaso, porque tal parece que son los medios de la naturaleza para refinar nuestro carácter.

Los cristianos recordarán que el Nazareno enfrentó el desastre supremo de la muerte en la cruz debido a sus enseñanzas religiosas. Pero de la misma nació una de las grandes religiones del mundo. ¿Quién puede decir que la adversidad experimentada por Cristo no llevó consigo la semilla de un beneficio equivalente?

. . . .

Ninguna circunstancia puede denominarse realmente fracaso hasta que el individuo la acepta como tal.

. . . .

Volvamos a la circunstancia de adversidad de la que nació la mayor nación que el mundo ha conocido jamás, los Estados Unidos de Norteamérica. Esa adversidad terminó cuando los soldados mal alimentados y mal vestidos de George Washington derrotaron a los ejércitos británicos al mando de Lord Cornwallis en 1778. Aunque la Guerra de la Rebelión nos dio nuestros pañales de libertad, le dio al Imperio Británico uno de sus peores reveses. Sospecho que no hubo británico que no considerara aquella derrota como un daño irreparable para el Imperio Británico.

Sin embargo, en esta, al igual que en todas las demás circunstancias de adversidad, la semilla de un beneficio equivalente se hizo finalmente evidente. Porque si no hubiera sido por nuestra derrota de los británicos en 1778, no existiría el rico Tío Sam para dar asistencia a los británicos, como estamos haciendo hoy y hemos estado haciendo durante décadas. Y no habría habido armas ni equipamiento ni soldados para ayudar a salvar a Gran Bretaña durante la Primera y la Segunda Guerra Mundial. Así que es obvio que la derrota de Gran Bretaña por nuestros ejércitos en 1778 resultó ser su mayor bendición.

Tomemos el caso de uno de nuestros más grandes presidentes, Abraham Lincoln, y verás a qué me refiero cuando digo que la adversidad a menudo hace que las personas indaguen profundamente en su propia alma, donde descubren la sabiduría. Lincoln nació en la pobreza en las montañas de Kentucky. Creció como una figura tosca y hogareña que no causaba ninguna impresión favorable por su aspecto físico. Solo tuvo la educación que él mismo se dio leyendo los libros que podía pedir prestados a sus vecinos en las montañas. De joven se dedicó a la topografía, pero fracasó y el sheriff vendió sus instrumentos para pagar sus deudas.

Lincoln se dedicó a ser tendero, pero también fracasó en eso. Fue nombrado capitán en el ejército y enviado al oeste con un comando militar para ayudar a sofocar los disturbios, pero fue degradado a soldado raso y enviado a casa. Intentó ejercer la carrera de leyes, pero consiguió muy pocos clientes y no ganaba lo suficiente para cubrir sus gastos. Luego se enamoró de Ann Rutledge, y poco después ella murió. Esto supuso para Lincoln la adversidad suprema de su meteórica carrera. Su dolor por la pérdida de la única mujer a la que había amado estuvo a punto de volverle loco. Pero su lucha contra el dolor le reveló en lo más profundo de su propia alma la sabiduría destinada a darnos un gran presidente en el momento en que más lo necesitábamos en la Casa Blanca.

Mi madre falleció cuando yo solo tenía diez años. Ahora bien, para la mayoría de las personas, eso, por supuesto, parecería una pérdida irreparable, pero la semilla de un beneficio equivalente que surgió de mi pérdida se encontró en una madrastra sabia y comprensiva que ocupó el lugar de mi propia madre y estaba destinada a inspirarme valor y fe cuando más lo necesitaba.

Ninguna experiencia humana debe considerarse una pérdida total, porque cada circunstancia de nuestra vida, sea agradable o desagradable, nos pone en el camino de aprender a vivir y a llevarnos bien con otros.

Como ya sabrás, Thomas Edison fue uno de mis principales colaboradores en mi investigación de esta filosofía. También fue un brillante ejemplo de cómo convertir la adversidad en beneficio propio. Considera el enfoque que Edison adoptó ante su sordera.

Descubrí que la sordera del Sr. Edison fue una bendición en lugar de una maldición, porque encontró la semilla de un beneficio equivalente que su sordera producía e hizo un uso asombroso de esa semilla. Una vez le pregunté al Sr. Edison si su sordera era una desventaja, y me dijo: "No, al contrario, es una bendición, porque me ha enseñado a oír desde mi interior". Quería decir que su sordera le había hecho desarrollar su sexto sentido, a través del cual obviamente aprendió a sintonizar y a entrar en contacto con fuentes de conocimiento ajenas a las disponibles a través de los cinco sentidos físicos. Fue de estas fuentes externas de donde obtuvo gran parte del conocimiento que lo convirtió en uno de los mayores inventores de todos los tiempos.

Y ya que estoy con este tema, permíteme decirte que a lo largo de los veinte años que pasé analizando a las personas de éxito para saber qué les hacía funcionar, descubrí que la gente exitosa casi invariablemente lo eran en proporción exacta a la medida en que habían superado y dominado los obstáculos y la derrota.

Cuando las personas no tenían problemas bajo cualquier fuerza para esforzarse, se atrofiaban y se marchitaban por desuso de sus células cerebrales, lo mismo que ocurriría con un brazo o una pierna si no se les diera ejercicio. La naturaleza penaliza a las personas por no usar adecuadamente su cuerpo físico, como todo el mundo sabe, y lo mismo ocurre con las células cerebrales con las que pensamos.

Si no usamos nuestra mente, se vuelve perezosa y poco fiable. Los problemas humanos obligan a las personas a desarrollar su mente mediante el uso. Mira lo que les ocurre a los hijos de las personas muy ricas que permiten que sus vástagos crezcan con la ilusión de que, como sus padres tienen dinero, no tienen que trabajar ni prepararse para vivir por iniciativa propia. Muy rara vez una persona así llega a ser plenamente independiente o autodeterminada.

Las causas del fracaso y cómo superar cada una

Existen tres causas comunes del fracaso, y cada una de ellas puede convertirse en un peldaño hacia el éxito si se siguen los diecisiete principios universales. Aquí examinamos estos tropiezos y cómo puedes superarlos.

1. La causa del fracaso número *uno es la incapacidad de poder llevarte bien con otros.* Por bien educado que seas, por muy responsable que sea tu trabajo o por mucho dinero que tengas, si no logras caer bien a las personas, si no consigues llevarte bien con todo tipo de personas en todo tipo de circunstancias, nunca podrás tener gran éxito en ningún emprendimiento. El primer paso que debes dar para caerles bien a las personas es que primero ellos te tienen que caer bien a ti y debes expresar ese hecho en el tono de tu voz, con una sonrisa agradable cuando hablas con otros y en un deseo sincero de ser útil a las personas, se lo merezcan o no.

2. La segunda causa de fracaso es el *hábito de abandonar lo que estás haciendo cuando las cosas van mal.* Sin importar quién seas o lo hábil que seas en tu ocupación, habrá momentos en los que el camino será difícil y te sobrevendrán circunstancias desagradables. Si te rindes fácilmente ante estos obstáculos, más vale que de una vez descartes la idea de que puedas llegar a alcanzar gran éxito. Pero si sigues las reglas del éxito presentadas en este libro, cuando te encuentres con oposición de cualquier naturaleza, en lugar de desistir, aumentarás tu fuerza de voluntad, avivarás el fuego de una fe más fuerte en tu propia capacidad y te decidirás a que, pase lo que pase, no dudarás de ti y pronto lograrás el éxito.

3. La causa de fracaso número tres es *la procrastinación y la incapacidad de tomar decisiones rápidas y definitivas.* El fracaso puede venir del hábito de esperar a que suceda algo beneficioso en lugar de poner manos a la obra y hacer que suceda algo. Todas las personas de éxito en los niveles superiores tienen el hábito de crear circunstancias

y oportunidades favorables para sí mismas en lugar de aceptar lo que la vida les ofrece.

· · · · · · · · · · · · · · ·

No esperes a que suceda algo beneficioso. Ponte manos a la obra y haz que ocurra algo.

· · · · · · · · · · · · · · ·

Puedo darte una magnífica ilustración del costo de la indecisión y la procrastinación. Hace algunos años, una de las grandes empresas que fabricaba de automóviles decidió iniciar un amplio programa de expansión. El presidente convocó a cien jóvenes de los distintos departamentos de la fábrica y les dijo: "Señores, vamos a ampliar nuestra fábrica y a aumentar enormemente nuestra producción de automóviles, lo cual significa que necesitaremos ejecutivos y jefes de departamento mucho más allá de nuestro estado actual. Les ofrecemos a cada uno de ustedes el privilegio de trabajar cuatro horas al día en la oficina, donde aprenderán a ser ejecutivos, y cuatro horas en sus puestos habituales en la planta. Habrá algo de tarea que tendrán que hacer por la noche. Y habrá veces en que tendrán que renunciar a sus deberes sociales y trabajar horas extras. Su salario será el mismo que reciben ahora en la fábrica. Estoy repartiendo tarjetas; y si aceptan nuestra oferta, escriban su nombre en la tarjeta. Les daré una hora para que hablen entre ustedes y se decidan".

Cuando el presidente de la empresa recogió las tarjetas, tuvo una de las mayores sorpresas de su vida. Solo veintitrés de los cien habían aceptado la oferta. Pero al día siguiente, otros treinta de los hombres entraron en el despacho del presidente y le informaron de que se habían decidido a aceptar, y algunos de ellos le explicaron que habían tomado la decisión de aceptar después de hablar del asunto con sus esposas. Pero el presidente les dijo: "Caballeros, se les dio una hora para que decidieran después de que tuvieran todos los datos sobre mi oferta que podía darles. Lo siento mucho, pero esta oportunidad se ha esfumado para siempre, porque he aprendido por experiencia que la persona que no puede o no quiere decidirse rápida y definitivamente cuando tiene todos los datos necesarios, cambiará rápidamente de opinión a la primera señal de obstáculos o permitirá que otros le convenzan para que cambie de opinión." Los hombres de esta historia perdieron una oportunidad cuando no se tomaron el tiempo necesario para actuar con prontitud.

Aunque las vidas ajetreadas pueden ser una causa de adversidad en la vida, sigue siendo cierto que las cuatro palabras más costosas de la lengua inglesa son "No tengo el tiempo". Esto refuerza la idea de que el tiempo es dinero, pero hay acciones concretas que puedes emprender para tener más tiempo para ti y, por consiguiente, más dinero y más oportunidades. Las examinaremos en el próximo capítulo.

CAPÍTULO 12

PRESUPUESTA EL TIEMPO Y DINERO

Presupuestar el tiempo y el dinero es el duodécimo principio de nuestra Ciencia del Logro Personal. Prepárate, amigo mío, porque ha llegado el momento de hablar sin rodeos acerca de ti y de tu futuro. Hasta ahora hemos recorrido un largo camino hacia el Valle Feliz. Y hemos llegado a una puerta por la que tenemos que pasar. Después de atravesar esta puerta, sabremos cómo aprovechar al máximo nuestro tiempo y cómo adquirir dinero y hacer que sirva para un fin noble. Detengámonos en el camino mientras pasamos por esta puerta. Y mientras reflexionamos sobre los conocimientos que hemos adquirido al atravesar las puertas anteriores, pensemos seriamente en esta.

Si has sido un estudiante observador, ahora tienes más conocimientos útiles que los que la mayoría de los graduados universitarios adquieren durante cuatro a seis años de preparación universitaria. Pero no se trata de conocimiento teórico, porque fue provisto por personas con experiencia práctica que obtuvieron mediante métodos de ensayo y error y de sus propias y experiencias enriquecedoras.

Como estudiante observador, ahora tienes todo el beneficio de la experiencia de toda la vida de Henry Ford, el gran líder industrial; Thomas A. Edison, el inventor más importante que jamás haya existido; y Andrew Carnegie, el industrial de más éxito que haya producido esta nación; así como el beneficio de la mayor parte de los conocimientos adquiridos por más de quinientos otros hombres distinguidos que contribuyeron a crear el gran estilo de vida americano y a producir la Ciencia del Éxito, la Ciencia del Logro Personal.

Todo lo que has aprendido de la experiencia de estos realizadores excepcionales es muy importante, pero ahora llegamos al punto en el que debemos olvidarnos de los logros de otras personas y dirigir nuestra atención a ti y a tu futuro. Este es el momento de tu inventario personal. Ha llegado el momento en que debes hacer inventario de ti mismo de una manera muy escrutadora. Debes averiguar quién eres, adónde vas en la vida y cómo vas a lograrlo. Mientras buscamos tus mejores cualidades, no pasaremos por alto tus peores cualidades, pues deben ser eliminadas antes de que puedas entrar en la gran propiedad del Valle Feliz.

Si no estás donde deseas estar o no eres lo que deseas ser, hay una razón concreta. Averigüemos cuál es esa razón y averigüémosla ahora. Y si haces bien tu inventario personal, las probabilidades son de una entre mil de que descubras que has sido un desperdiciador del tiempo. Ahora estás enfrentando algunos hechos que, por el momento, pueden no ser muy agradables. Sin embargo, afrontémoslos con valentía. Por supuesto, tienes un buen pretexto con el cual explicar tus hábitos de pérdida de tiempo; todas las personas los tienen. Pero los pretextos no te aportarán lo que deseas de la vida, ni te admitirán en el Valle Feliz.

¿Eres un exitoso o un fracasado? Es una pregunta importante que tú, y solo tú, debes responder. Si eres un fracasado, ninguna explicación cambiará los resultados. La única cosa que el mundo nunca perdonará es el fracaso. El mundo quiere el éxito, lo adora. No tiene tiempo para los fracasos. La única forma de explicar un fracaso es ajustar las velas mediante la autodisciplina, para que las circunstancias de la vida conduzcan directamente al éxito.

El éxito no requiere pretextos ni explicaciones. El fracaso es excelente en cuanto a ofrecer pretextos y las explicaciones. El mundo ha decretado esto. Es un gran día en la vida de las personas cuando se sientan tranquilamente y hablan consigo mismas de corazón a corazón, porque seguro que hacen descubrimientos útiles acerca de sí mismas, aunque sus descubrimientos puedan causarles una gran conmoción.

. . . .

Nadie puede conseguir
algo por la nada.

. . . .

Jamás se logra nada por medio del deseo, la esperanza o soñar despierto. El autoanálisis sincero nos ayuda a elevarnos por encima de estos. Nadie puede lograr algo a cambio de la nada, aunque muchos lo hayan intentado.

Todo lo que vale la pena tener tiene un precio definido, y ese precio se tiene que pagar. Las circunstancias de nuestra vida hacen que esto sea esencial. Las reglas del logro personal son tan definitivas como las de las matemáticas. Si alguna vez ha existido una ciencia verdadera, es la Ciencia del Éxito, descrita en los diecisiete principios de esta filosofía. Eres un estudiante de esta filosofía; así que te has visto privado de pretextos para el fracaso, incluyendo el abuelo de todos ellos: "Nunca tuve una oportunidad".

Tienes una oportunidad, y consiste en el privilegio de aprovechar los conocimientos combinados de más de quinientos hombres de grandes logros que han puesto esta filosofía a tu disposición. ¿Qué vas a hacer con esta oportunidad? Esa es una pregunta que necesitas responder, y debes hacerlo de forma definitiva y franca. El éxito no requiere una gran cantidad de conocimientos acerca de algo, pero sí requiere que uses con perseverancia cualquier conocimiento que puedas tener.

¿Cómo vas a usar tu tiempo de aquí en adelante? ¿Cuánto estás malgastando y cómo lo estás desperdiciando? ¿Qué vas a hacer para poner fin a este desperdicio? Estas preguntas deben reclamar tu más sincera atención, y son necesarias las respuestas honestas antes de que puedas entrar en la propiedad del Valle Feliz.

· · · · · · · · · · · · · · · ·

Las personas de éxito tienen que conocerse a sí mismas, no cómo creen que son, sino como les han hecho sus hábitos.

· · · · · · · · · · · · · · · ·

Las personas de éxito tienen que conocerse a sí mismas, no cómo creen que son, sino cómo les han hecho sus hábitos. Por lo tanto, se te pide que hagas un inventario de ti mismo para que puedas descubrir dónde y cómo estás usando tu tiempo.

En términos generales, hay dos clases de personas: las personas que van a la deriva y las que no van a la deriva. Una persona que no va a la deriva tiene un Propósito Principal Definitivo, un plan definitivo para su obtención, y está ocupado en llevar a cabo ese plan. El que no va a la deriva piensa sus propios pensamientos y asume total responsabilidad por ellos, sean correctos o incorrectos. El que va a la deriva no piensa de verdad, sino que acepta los pensamientos, ideas y opiniones de otros y actúa sobre ellos como si fueran propios.

El mundo está dirigido por los que no a la deriva. El que va a la deriva está a merced de los que no van a la deriva en todos los ámbitos de la vida y en todas las circunstancias. Los que no van a la deriva son los líderes en la ocupación que han elegido, y el que sí va a la deriva es un seguidor, siempre. Ir a la deriva es un hábito dominado por la ley de la Fuerza Cósmica del Hábito y hecho permanente. El que va a la deriva sigue la línea de menor resistencia en todas las ocasiones y repite los errores una y otra y otra vez.

Los que no van a la deriva se enorgullecen de abrir nuevos caminos, asumir nuevos peligros y aprender de los errores y fracasos. Los que no van a la deriva expresan su acción mediante la Definitividad de Propósito y siguen el hábito de ir la milla extra al llevar a cabo su propósito. Se mueven por iniciativa propia, sin la presión de otros.

Los que no van a la deriva controlan todos sus hábitos de pensamiento y de acción mediante la más estricta autodisciplina. Mantienen una actitud mental positiva y piensan en lo que más desean, no en lo que no desean. Los que no van a la deriva apoyan sus acciones con Fe Aplicada. Se rodean de un grupo de Mente Maestra para contar con la cooperación de otros cuyos conocimientos y experiencia necesitan para llevar a cabo el propósito. Los que no van a la deriva reconocen sus debilidades y encuentran formas y medios de superarlas. Hacen un inventario personal de sí mismos con la misma regularidad que un comerciante de primera clase hace un inventario de existencias.

Fuentes de los hábitos de ir a la deriva

Ahora examinaremos las circunstancias en las que el que va a la deriva no usa eficazmente el tiempo. Este bosquejo se debe usar como vara de medir por quienes deseen hacer un inventario personal de sí mismos, ya que revela las principales fuentes de los hábitos de ir a la deriva.

Primero, la ocupación. La ocupación de una persona es la fuente de oportunidades económicas, la fuente a través de la cual podemos promocionarnos hacia la seguridad económica y la independencia. La persona promedia dedica seis días de cada siete a su ocupación, así que ocupa seis séptimas partes de toda su vida.

La mayoría de las personas, las que van a la deriva, nunca se preocupan por elegir una ocupación que se adapte a su educación o a su temperamento mental y espiritual. Un análisis acertado de los que no van a la deriva muestra claramente que se dedican a una ocupación de su propia elección. Por lo tanto, se dedican a un trabajo que es verdaderamente una labor de amor, que es una de las doce grandes riquezas de la vida, y en el que proyectan voluntariamente su capacidad creativa, su entusiasmo, sus esperanzas y sus objetivos.

Los que no van a la deriva no miden su ocupación por el número de horas que le dedican, sino que la evalúan por la cantidad de servicio útil que prestan al ir la milla extra. Saben que un número determinado de horas de esfuerzo no es suficiente para alcanzar el éxito. Su espíritu y su actitud les proporcionan la alegría que surge del orgullo del logro.

Los que no van a la deriva, quienes trabajan a cambio de un salario, reciben dos tipos de retribución: uno viene en forma de paga semanal, y el otro, que sin lugar a duda es el mayor de los dos, viene de la habilidad y la experiencia adquiridas al prestar el mejor servicio del que son capaces y de la buena voluntad creada por su espíritu cooperativo. Esa buena voluntad es su excedente salarial, el activo que les da derecho a un ascenso, a un puesto mejor y a más dinero en su nómina, y les conduce eventualmente a un negocio o una profesión propia, si su ambición los lleva tan lejos.

Los que no van a la deriva ven su ocupación como una profunda oportunidad de adoración, a través de la cual desarrollan la fuerza y el crecimiento de sus facultades espirituales y, al mismo tiempo, les proporciona seguridad económica. Ven su ocupación como un vehículo diseñado para llevarlos a las alturas de su ambición, medida por su Propósito Principal Definitivo en la vida.

Para las personas que no van a la deriva, los relojes de fichar no son esenciales y los supervisores son superfluos, porque conocen a su propio capataz, quien es implacable. No se quejan de las largas horas de trabajo, pero pueden quejarse de que no hay suficientes horas al día para hacer todo lo que les gustaría. Y el trabajo no es una carga, sino una bendición, porque les da salida a los productos de su corazón, cabeza y alma. Las ocupaciones de los no van a la deriva son su santo grial, a través del cual expresan el impulso más elevado de su ser.

Segundo, los hábitos de pensamiento. Los que van a la deriva no intentan disciplinar ni controlar sus pensamientos y nunca aprenden la diferencia entre pensamientos negativos y pensamientos positivos. Permiten que su mente se ocupe de cualquier pensamiento perdido que pueda flotar en ella. Las personas que van a la deriva en relación con sus hábitos de pensamiento tienen la seguridad de que también irán a la deriva en cuanto a otros temas.

En un relato alegórico de una entrevista con el diablo, el diablo dijo que no temía nada, salvo que el mundo produjera alguna vez un pensador que usara su propia mente, añadiendo, significativamente, que controlaba a todos los que iban a la deriva, que descuidaban usar sus propias mentes. El diablo no es el único que explota a los que van a la deriva. El que va a la deriva es víctima no solo de todos los que desean explotarle, sino también de todos los pensamientos negativos extraviados que se estacionan en su mente.

Los que no van a la deriva toman plena posesión de su mente, la organizan en planes y propósitos definitivos y la dirigen hacia los fines deseados. Mantienen su mente ocupada y dedicada a su objetivo.

Una actitud positiva es la primera y más importante de las doce grandes riquezas de la vida, y no puede ser obtenida por quienes van a la deriva. Solo puede obtenerse mediante una escrupulosa consideración del tiempo a través de hábitos de autodisciplina. Ninguna cantidad de tiempo dedicado a una ocupación puede compensar los beneficios de una actitud mental positiva, porque esta es la fuerza que hace que el uso del tiempo sea eficaz y productivo. Una actitud mental positiva no crece voluntariamente como las malas hierbas en un campo. Requiere cultivarse mediante hábitos de pensamiento cuidadosamente disciplinados.

El mejor de todos los campos de entrenamiento para el cultivo de una actitud mental positiva lo proporciona la ocupación que elegimos, en la que pasamos una promedio de seis séptimas partes de nuestras vidas. Aquí podemos combinar nuestros esfuerzos para hacerlos económicamente productivos en relación con nuestra ocupación y, al mismo tiempo, servir al propósito de desarrollar una actitud mental positiva.

Cuando consigas tener tus propios hábitos de pensamiento bajo control, te tendrás a ti mismo bajo control, pero no puedes hacerlo yendo a la deriva. Nunca te liberarás del hábito de ir a la deriva hasta que aprendas a tomar plena posesión de tu propia mente y a dirigir tus pensamientos hacia fines definitivos.

Tu poder de pensamiento es todo aquello sobre lo que realmente se te ha dado un control total. Reconoce esta verdad, aprovéchala al máximo y habrás obtenido una gran victoria sobre todas las oposiciones de tu vida. Organiza tus pensamientos en torno a lo que deseas, a la posición en la vida a la cual aspiras, y luego planea formas y medios de expresar tus pensamientos en términos de acción organizada.

Sigue adelante con Fe Aplicada y persistencia inquebrantable, y entonces observa con qué rapidez mejorarán enormemente las circunstancias de tu vida. Así es como te conviertes en el dueño de tu Fe, en el capitán de tu alma.

Sugerencias para presupuestar el tiempo y el dinero

Hay algunos aspectos específicos definitivos a la hora de presupuestar tu tiempo y tu dinero. Aquí los examinamos.

En primer lugar, analicemos las veinticuatro horas diarias de que disponemos cada uno de nosotros. Tenemos ocho horas para dormir, y no puedes hacer nada al respecto porque la naturaleza exige ese precio por tu salud y tu bienestar. Luego tenemos ocho horas para trabajar, por regla general. Las necesitamos para ganarnos la vida y acumular dinero para nuestra protección en la vejez, etc. Luego tenemos ocho horas para el esparcimiento y las actividades de tiempo libre. Estas horas son nuestras. Podemos hacer con ellas lo que queramos.

Ahora bien, las dieciséis horas asignadas al trabajo y al sueño están en la lista de "imprescindibles" y a menudo pueden estar parcial o totalmente fuera de nuestro control. Las ocho horas de tiempo libre nos pertenecen para el uso que deseemos. En estas ocho horas se encontrará la causa tanto del éxito como del fracaso, según el uso que se haga de ellas.

He aquí algunas sugerencias para presupuestar los ingresos y los gastos, porque da igual cuánto ganemos: si no reservamos un porcentaje definido de nuestros ingresos, por así decirlo, para ahorrar, tarde o temprano nos quedaremos sin dinero. Al considerar los ingresos mensuales o semanales, hay que distribuirlos de la siguiente manera:

1.   Un porcentaje definido, generalmente no inferior al 10% de los ingresos brutos, debe invertirse en seguros de vida. Esto es especialmente cierto en el caso de un trabajador que tiene una familia joven y creciente, que tiene hijos a quienes hay que educar más adelante en la vida.

2.   A continuación, un porcentaje definido para alimentación, vestido y vivienda. Esto debe ser proporcional a los ingresos de la persona o a su capacidad para ganar.

3.   Y debe reservarse una cantidad definida para inversiones, porque las personas con más éxito del mundo han aprendido a hacer que su dinero trabaje para ellas mientras están despiertas y también mientras duermen.

Cualquier cantidad que quede después de asignar estos tres "imprescindibles" debe ir a una cuenta corriente o de gastos para emergencias, esparcimiento, educación, etc. Puede que este capítulo no sea una lectura dramática, pero encierra el secreto de tu destino para el resto de tu vida. Por lo tanto, reflexiona bien sobre las sugerencias que te hago, porque si no controlas tu vida mediante un sistema presupuestario, puedes estar seguro de que acabarás sin nada que te proteja en la vejez, que llega más pronto de lo que imaginas.

Tu actitud mental es otro factor que debes controlar si quieres realizar logros personales. En el capítulo siguiente, veremos los pasos que puedes dar para desarrollar y mantener una actitud mental positiva, que es un requisito absoluto para las personas que quieren que la vida les resulte como ellos quieren.

CAPÍTULO 13

ACTITUD MENTAL POSITIVA

Una *actitud mental positiva* es el decimotercer principio de la Ciencia del Logro Personal, y uno de los más cruciales. Como has leído, una actitud mental positiva es esencial para lograr lo que deseas. También es esencial para la aplicación práctica del resto de esta filosofía, así que vamos a aprender qué es y cómo puedes poner en práctica una actitud mental positiva paso a paso.

Al nacer, venimos con el equivalente de dos sobres sellados. En uno de estos sobres hay una larga lista de los beneficios y riquezas que podemos recibir mediante el uso positivo de nuestra mente; y en el otro sobre, una lista igualmente larga de las penalidades que debemos pagar si descuidamos usar nuestra mente de forma constructiva.

La naturaleza aborrece la ociosidad y el vacío, y se encarga de que la fuerza surja de la lucha y el esfuerzo. Debemos usar nuestra mente y usarla constructivamente. Jamás se ha logrado ni se logrará nada constructivo y digno de nuestros esfuerzos si no es mediante una *actitud mental positiva* basada en un *propósito definitivo* y activada por un deseo ardiente e intensificada hasta que el deseo ardiente se eleve al plano de la *Fe Aplicada*.

Deseos: todos tenemos gran cantidad de ellos. Curiosidad ociosa: todos tenemos una reserva de ella. Esperanzas: quizá la mitad de las personas tienen esperanzas en cosas o circunstancias que aún no han conseguido. Un deseo ardiente: las personas de éxito sienten este impulso. Fe aplicada: los líderes obtienen este grado de control mental que solo puede existir dentro de una actitud mental positiva. La oración solo produce resultados positivos cuando se expresa en una actitud mental positiva. La oración más eficaz la expresan quienes han condicionado su mente para pensar habitualmente en términos de una actitud mental positiva.

Las vibraciones de los pensamientos emitidos por la mente de un individuo llevan consigo a otras mentes el estado mental preciso en el que se emiten. Es un hecho bien conocido por todos los mejores vendedores que han aprendido a condicionar sus mentes y las mentes de los posibles compradores, incluso antes de verlos en persona.

. . . .

Tu mente subconsciente produce resultados constructivos solo cuando se le da instrucciones con una actitud mental positiva.

. . . .

Nadie puede enseñar con éxito la Ciencia del Logro Personal mientras tenga una actitud mental negativa, y ningún estudiante puede beneficiarse de ella mientras tenga una actitud mental negativa. Ningún abogado puede convencer a un jurado, ningún clérigo puede inspirar a sus feligreses, ningún orador puede retener e influir a un público sin la ayuda de una actitud mental positiva. Se ha dicho que los médicos con más éxito en todas las ramas de la terapia son los que tratan a sus pacientes con una actitud mental positiva. Solo se puede educar a la mente subconsciente de un individuo para que produzca resultados constructivos cuando se le da instrucciones con una actitud mental positiva.

Una mente positiva encuentra la manera de hacer las cosas; una mente negativa busca todas las formas en que las cosas no se pueden hacer. El secreto consiste en ser consciente del modo operativo dominante de tu mente y cambiarlo si es necesario. Todo depende de controlar tu actitud mental.

Cómo controlar tu actitud mental

¿Cómo puedes controlar tu actitud mental? Existen muchas maneras.

Primero, puedes controlar tu actitud mental al ejercer el poder de tu voluntad, dirigido a propósitos benévolos, basándote en motivos definitivos. Si te das un motivo suficiente para querer obtener un objetivo o hacer una cosa determinada, no tendrás ningún problema para controlar tu actitud mental. Depende totalmente de tu motivo y de cuánto desees hacerlo. Si tu motivo no es fuerte, lo más probable es que flaquees cuando aparezca la oposición. Existen nueve motivos básicos, mencionados en el capítulo 1, y alguna combinación de esos motivos debe respaldar todo lo que te propongas hacer.

Segundo, puedes controlar tu actitud mental al mantener tu mente cargada en todo momento de un deseo ardiente por la obtención de un objetivo definitivo de naturaleza positiva.

La mente es una maquinaria peculiar. No se me ocurre un símil mejor para la mente que algo parecido a una rica parcela con una hortaliza. Puede que en algún momento hayas vivido en un lugar donde había una área con hortaliza en tu patio o cerca de él, donde crecían malas hierbas de las más sobresalientes. No tenías que cultivar las malas hierbas; simplemente estaban allí. ¿No era extraño? Sí que tenías que cultivar las coles, los tomates y otros vegetales, pero las malas hierbas no tenías que plantarlas ni cultivarlas; se plantaban solas. La mente es como esa rica parcela con hortaliza: si no plantas lo que quieres que crezca en ella, aparecerán cosas que no quieres. No hay dos maneras de hacerlo; siempre funciona así.

Tienes que mantener tu mente tan ocupada haciendo y pensando en las cosas que quieres, que no tenga tiempo en absoluto para germinar esas semillas de malas hierbas que crecerán allí sin tu esfuerzo. En otras palabras, mantén tu mente tan ocupada en conseguir las cosas que quieres que no tendrás tiempo de pensar en las cosas que no quieres. Creo que de todos los pecados de los seres humanos, el mayor es el de la ociosidad, el de permitir que tu mente esté ociosa, sin hacer nada en absoluto, sin trabajar según un plan.

Tercero, puedes controlar tu actitud mental asociándote con personas que te inspiran a participar activamente en propósitos positivos y rehusándote a dejarte influir por personas negativas; en otras palabras, eligiendo a las personas correctas como amigos y colegas y evitando las influencias de las personas equivocadas.

Ahora bien, puede que vivas en una casa con algunas personas que no son las personas adecuadas; puede que tu relación con esas personas sea tal que no puedas mudarte en este momento. Bueno, siempre hay algo que puedes hacer. Puedes bajar tus "persianas mentales". Yo tengo un unas persianas mentales que bajo sobre mis ojos, y no veo nada. También tengo unas orejeras mentales. Cuando me las pongo sobre las orejas, no oigo nada. No veo nada, no oigo nada, no huelo nada, no pruebo nada, no siento nada que no quiera sentir ni probar ni oír ni ver. Tú también puedes hacer eso. Puedes estar cerca de alguien que es negativo y, sin embargo, no permitir que se te pegue nada de esa actitud negativa. Puedes simplemente dejar fuera la parte de su influencia que no quieres.

No permitas que los pensamientos, las imágenes, las voces o lo que sea negativo te impresionen o influyan en ti.

Si estás decidido a hacer lo correcto y lo que quieres hacer, independientemente de lo difícil que sea el proceso —y puedes estar seguro de que será difícil al principio—, mantente firme, sigue adelante y, he aquí que, tarde o temprano, llegarás al punto en que la naturaleza negativa dirá: "Te estoy dedicando demasiado tiempo. Voy a molestar a alguien a quien se pueda manejar y manipular fácilmente". Sustancialmente, eso es lo que te dice la naturaleza.

Cuarto, *puedes controlar tu actitud mental mediante el reconocimiento profundo de que posees el control total de tu mente en todo momento a través del poder de la Fe. El Creador te ha dotado de libre albedrío, y eso significa que tienes el control de tu mente, si aprovechas esa realidad.*

Tu actitud mental es...

Tu actitud mental es el factor principal que atrae a las personas hacia ti o las repela. ¿Has pensado alguna vez que las personas se sienten atraídas por ti, no necesariamente por tu aspecto, por lo que haces o dices, sino por cómo piensas? Y no tienes que expresarlo en exceso; basta con que lo pienses en su presencia.

Por supuesto, no puedes tener un buen pensamiento en presencia de alguien en una ocasión y luego malos pensamientos la próxima vez que veas a esa persona. Quiero decir que tienes que expresar una actitud mental positiva todo el tiempo, para que llegue a las personas con las que entras en contacto, con las que haces negocios, y los hace regresar para hacer negocios contigo una y otra vez...o las repela y las mantiene alejadas, y te preguntas qué fue lo que pasó con esas personas.

Piensas: *Ese tipo solía venir aquí y frecuentar la tienda, y ya no viene. No lo maltraté. No le dije nada fuera de lugar. Lo traté amablemente.* Pero si examinaras más a fondo, probablemente recordarás que tu actitud mental no era la correcta. Estabas preocupado acerca de algo cuando hablaste con él. Estabas en desacuerdo con alguien, quizá en desacuerdo contigo mismo. Recuerda que te reflejas en tu relación con las personas.

. . . .

Te reflejas en tus relaciones
con las personas.

. . . .

Tu actitud mental es un factor principal en el mantenimiento de una buena salud. Cuando te permites estar preocupado día tras día, inevitablemente acabas contrayendo un resfriado, una gripe o algo peor. Una actitud mental negativa destruye la resistencia de tu cuerpo. Una actitud mental positiva apoya y alimenta la resistencia de tu cuerpo, lo que la naturaleza ha previsto en ti para mantenerte siempre bien y sano.

Nunca he conocido a una persona enfermiza de cualquier naturaleza que no pudiera atribuirlo en gran medida a una actitud mental negativa.

Una actitud mental positiva es la mejor de todas las agencias terapéuticas. Todos los médicos del mundo no pueden igualar la importancia de una actitud mental positiva, y todos los mejores médicos de todas las escuelas terapéuticas actuales reconocen y hacen uso de la necesidad de ayudar a los pacientes a mantener una actitud mental correcta hacia el médico y hacia ellos mismos. Los pacientes que no tienen confianza en el médico no se beneficiarán, independientemente de quién sea el médico o cuánto sepa.

Las curas ocurren no como resultado de lo que hacen los médicos, sino como resultado de lo que los médicos logran que hagan los pacientes por sí mismos, y eso se aplica a las curas financieras igual que a las curas físicas. Lo que más ayuda no es lo que te enseño, ni lo que digo, ni lo que escribo en los libros: lo que te ayudará económicamente es lo que tú hagas por ti mismo. La actitud que tienes hacia ti mismo y hacia las otras personas determina tu situación financiera más allá de toda duda.

Tu actitud mental positiva es el factor determinante de los resultados que obtienes de la oración.

Tu actitud mental también es un factor que determina si encuentras paz mental o vas por la vida en un estado de frustración y miseria. El factor determinante es tu actitud mental. Encuentras paz mental o pasas por la vida en un estado de frustración según la medida en que controles y mantengas el tipo de actitud mental que deseas.

No sé si esto te impresiona igual que a mí o no, pero creo que lo más asombroso de todo este universo consiste en el hecho de que sabemos sin lugar a duda que el Creador dio a los humanos el control sobre una sola cosa, no sobre dos cosas, sino sobre una sola cosa: nuestra actitud mental.

Así que, seguramente el Creador pretendía que esa fuera la parte más importante de nosotros, porque si controlas tu actitud mental, controlas todo lo demás dentro de la esfera de la vida que ocupas. Eres el factor dominante si controlas tu propia actitud mental. Sin embargo, la mayoría de las personas ni siquiera tratan de controlar su actitud mental; se enojan a la primera de cambio. Y si no existe un motivo para enojarse, ellos buscan o inventan uno.

Todos estamos vendiendo algo: a ti mismo, servicios, mercancías, política, religión, leyes, medicina. Hagas lo que hagas, estás vendiendo algo. Algunos de nosotros, sin embargo, no somos muy buenos para ello. A menos que acondiciones tu mente para hacer una venta, nunca la harás. Puede que alguien te compre algo porque resulta que lo necesita y no puede conseguirlo en ningún otro sitio, pero puedes estar seguro de que no has tenido nada que ver con hacer la venta a menos que tuvieras la actitud mental correcta cuando estabas negociando esa venta.

Tener una actitud mental positiva es un factor importante en relación con toda tu estación en la vida. El trabajo que ocupas, la paga que recibes y todo el espacio que ocupas en el mundo dependen en gran medida de la actitud mental que mantienes. Y nunca ocuparás mucho espacio en el mundo a menos que tu actitud sea positiva en todo momento.

La persona con una actitud mental negativa ocupa cierto espacio, pero el mínimo posible. Las personas no se esfuerzan por dejar espacio a las personas negativas; ya lo sabes. A nadie le agrada un gruñón. A nadie le cae bien alguien que está descontento, que se queja o que tiene cosas malas que decir de otros... a nadie.

Después de leer lo importante que es tener una actitud mental positiva, no hay duda de que no serás una de esas personas negativas que no caen bien a nadie. Tu actitud positiva y tu personalidad agradable conquistarán a las personas.

CAPÍTULO 14

PENSAMIENTO ACERTADO

El *pensamiento acertado* es el decimocuarto principio de nuestra Ciencia del Logro Personal. En este capítulo estudiaremos el pensamiento acertado y la diferencia que puede hacer cuando usas el poder de tu pensamiento personal. La forma en que piensas tiene un gran impacto en tu actitud, como ya se ha establecido, pero no hay poder en el pensamiento desorganizado y desenfocado.

En primer lugar, el pensamiento acertado se basa en dos fundamentos sencillos: *el razonamiento inductivo* y el razonamiento deductivo. El razonamiento inductivo se usa cuando la información necesaria en la cual basar tu pensamiento no está disponible. En este caso, actúas sobre hipótesis o sobre lo que supones que son los hechos. *El razonamiento deductivo* se usa cuando tienes los hechos o lo que parecen ser los hechos en los cuales basar tu pensamiento.

El siguiente paso en el pensamiento acertado es separar los hechos de la ficción, o pruebas de oídas, y determinar si estás tratando con hipótesis o con hechos reales. Cuando estés seguro de que tienes hechos fiables en los cuales basar tu pensamiento, da el segundo paso y separa esos hechos en dos categorías: hechos importantes y hechos sin importancia. Cuando hagas esto, puede que te sorprenda el número abrumadoramente mayor de hechos sin importancia con los que tratas a diario que de hechos importantes.

Llegados a este punto, es casi seguro que quieras preguntar: "¿Qué es un hecho importante y cómo puedo distinguirlo de un hecho sin importancia?". Y te daré la respuesta a esta pregunta tan importante diciéndote que *un hecho importante es cualquier hecho que te ayude en la medida que sea a obtener el objeto de tu propósito principal en la vida*. Todos los demás hechos, por lo que a ti respecta, carecen de importancia, y no debes perder el tiempo con ellos.

Después de leer este capítulo, te animo a que dediques la hora siguiente a hacer una lista en papel de todos los hechos con los que trataste ayer, separándolos en dos categorías: importantes y sin importancia. De hecho, harás un profundo descubrimiento sobre el pensamiento acertado si sigues el hábito de hacer un inventario diario de todos los hechos que reclamaron tu atención durante el día, anotándolos en un papel en dos columnas separadas, una con la etiqueta "Hechos importantes" y otra con la etiqueta "Hechos sin importancia". Te sorprenderá lo que aparece en las listas.

Opiniones que se confunden con pensamientos acertados

Ahora prestaremos atención al tema de las opiniones y veremos hasta qué punto se confunden las opiniones sueltas y poco sólidas con el pensamiento acertado. Para empezar, reconozcamos la verdad de que la mayoría de las opiniones carecen de valor porque se basan en la parcialidad, los prejuicios, la intolerancia, las conjeturas, las pruebas de oídas y la ignorancia manifiesta. Son palabras duras las que estoy usando, pero representan el origen de la mayoría de las tragedias de la vida con las que las personas se encuentran innecesariamente. De todas las tragedias que causan miseria y fracaso, ninguna es más despiadada y destructiva que la que surge de la indiferencia de las personas que no intentan aprender a pensar con acierto.

Nunca me olvidaré de una experiencia que tuve con el presidente Woodrow Wilson mientras trabajaba para él durante la Primera Guerra Mundial. Le pregunté al presidente qué efecto creía que tendría la Primera Guerra Mundial sobre la civilización. Su respuesta fue breve, pero fue una obra maestra que deberías recordar mientras vivas: "No puedo responder a tu pregunta", dijo el presidente, "porque no tengo hechos en los cuales basar una opinión".

Si recuerdas la breve pero contundente respuesta de Woodrow Wilson cada vez que estés a punto de expresar una opinión sobre cualquier cosa, lo más probable es que pronto abandonarás el hábito de expresar o incluso de tener opiniones que no se basan en algo más sustancial que prejuicios y sentimientos emocionales. Aprenderás, si observas atentamente, que entre más éxito tenga una persona, menos se inclina a expresar opiniones sueltas e injustificadas acerca de cualquier asunto. Además, seguramente ya habrás observado que los que van a la deriva y sufren frustraciones porque reconocen que han fracasado en la vida suelen tener una variedad de opiniones acerca de todo lo que puedas imaginar.

. . . .

Entre más éxito tenga una persona,

menos se inclina a expresar

opiniones sueltas e injustificadas.

. . . .

Cuando escucho a alguien expresar una opinión definitiva acerca de algo de lo cual tengo razones concretas para creer que sabe poco o nada, pienso en una experiencia que tuve cuando detuve a un cuáquero en las calles de Filadelfia y le pregunté la hora del día. Sacó su reloj, lo examinó cuidadosamente y luego, con un tono de voz pausado y enfático, dijo: "Bien, señor, según este supuesto reloj, parece que son aproximadamente las doce con un minuto y diez segundos". Me impresionó especialmente el cuidado con que este cuáquero identificaba la fuente de la información que me transmitía. Después pensé a menudo en lo beneficioso que sería que todas las personas que expresan opiniones o dan información se tomaran la molestia de identificar la fuente de la cual hablan. No puedo influir en todas las personas para que adopten este tipo de pensamiento seguro, pero sí puedo sugerirte que lo consideres en relación con el tema del pensamiento acertado.

Las siete reglas de un pensador acertado

Ahora te daré siete reglas a seguir que, si las memorizas y las sigues como un hábito diario, pueden hacerte alcanzar la máxima calificación como pensador acierto:

1. *Nunca aceptes las opiniones de otros como si fueran hechos hasta que hayas averiguado la fuente de esas opiniones y te hayas cerciorado de su veracidad.*

2. *Recuerda que los consejos gratuitos, sin importar de quién procedan, deben ser examinados minuciosamente antes de considerarlos seguros. Y, por lo general, este tipo de consejo vale exactamente lo que cuesta.*

3. *Ponte inmediatamente al alerta cuando oigas a alguien hablar de otros con un espíritu descortés o calumnioso. Este*

solo hecho debe ponerte sobre aviso de que lo que estás escuchando es tendencioso, por no decir otra cosa, y puede tratarse de una afirmación totalmente falsa.

4. *Cuando pidas información a otros, no les reveles lo que deseas que sea la información, porque la mayoría de las personas tienen la mala costumbre de tratar de agradar en tales circunstancias.* Las preguntas bien medidas y con tacto pueden serte de gran utilidad para pensar acertadamente.

5. *Recuerda que todo lo que existe en todo el universo es comprobable.* Y cuando esa prueba no está disponible, es más seguro suponer que no existe.

6. *Uno de los grandes milagros inexplicables consiste en que tanto la verdad como la falsedad, sin importar por qué medios se expresen, llevan consigo una medio silencioso e invisible de identificarse como tales.* Por lo tanto, recuerda esta verdad y empieza a desarrollar la facultad intuitiva necesaria que te permita percibir lo que es falso y lo que es verdadero.

7. *Establece el hábito de preguntar: "¿Cómo lo sabes?" cuando alguien hace una afirmación que no puedes identificar como veraz.* Sigue fielmente este hábito y verás cómo muchas personas se retuercen y se ponen coloradas cuando insistes en una respuesta directa.

Puedes realizar tu propia prueba de fuego para separar la realidad de la ficción. Para empezar, nunca aceptes nada como un hecho solo porque alguien diga que lo es.

· · · · · · · · · · · · · · ·

Los consejos gratuitos no solicitados por lo general valen lo que cuestan.

· · · · · · · · · · · · · · ·

Escudriña los medios de comunicación

Escudriña con especial cuidado todo lo que leas en los periódicos u oigas por la radio o la televisión, y fórmate el hábito de no aceptar nunca ninguna declaración como un hecho por el mero hecho de haberla leído u oído por la radio o la televisión o de haberla escuchado de alguien. Las declaraciones que tienen cierta proporción de verdad a menudo se colorean intencionalmente o por descuido para darles la apariencia falsa de ser totalmente veraz.

Examina cuidadosamente todo lo que leas en los libros, independientemente de quién los haya escrito, y no aceptes nunca las palabras de ningún escritor sin hacerte las diez preguntas siguientes y convencerte de las respuestas:

1. ¿Es el escritor una autoridad reconocida en el tema tratado?

2. ¿Tenía el escritor un motivo ulterior o de interés propio aparte del de impartir información acertada por escrito?

3. ¿Es el escritor un propagandista a sueldo cuya profesión es organizar o influir en la opinión pública?

4. ¿Tiene el escritor un interés lucrativo o de otro tipo en el tema?

5. ¿Es el escritor una persona de buen juicio, no un fanático del tema?

6. ¿Existen fuentes razonablemente accesibles en las que se puedan comprobar y verificar las declaraciones del escritor? Si es así, asegúrate de comprobarlas.

7. Antes de aceptar como hechos las declaraciones de otros, averigua la motivación detrás de tales declaraciones.

8. Averigua la reputación de la veracidad del escritor.

9. Escudriña con especial cuidado todas las afirmaciones de personas que tienen fuertes motivos u objetivos que desean obtener con sus afirmaciones. Ten el mismo cuidado en cuanto a aceptar como hechos las afirmaciones de las personas demasiado entusiastas que tienen la costumbre de dar rienda suelta a su imaginación.

10. Aprende a ser precavido y a usar tu propio juicio, independientemente de quién esté intentando influirte. Si una afirmación no armoniza con tu propio poder de razonamiento, si no está en armonía con tu experiencia, toma el tiempo para examinarla más a fondo. La ciencia es el arte de organizar y clasificar los hechos. Cuando quieras asegurarte de que tratas con hechos, busca fuentes científicas para su comprobación siempre que sea posible. Normalmente, las personas que se dedican a la ciencia no tienen ni la razón ni la inclinación para modificar o cambiar los hechos, ni para tergiversarlos.

A continuación, descubrirás cómo forjar una conexión beneficiosa entre las partes física y mental de tu ser.

CAPÍTULO 15

BUENA SALUD

El decimoquinto principio se centra en *el mantenimiento de buena salud*. Se ha dicho que una mente sana en un cuerpo sano es una descripción breve pero completa de un estado feliz. Una mente sana en un cuerpo sano es también un factor esencial en la Ciencia del Logro Personal.

La salud física es crucial para el éxito, porque lo que afecta al cuerpo afecta de alguna manera a la mente. Este punto es tan esencial que he denominado al individuo "mente-cuerpo humano". Fomentar la relación entre ambos es el enfoque de este capítulo.

Nuestro cuerpo físico es la casa que el Creador nos proveyó para servir como morada de la mente. Es el mecanismo más perfecto jamás producido, y prácticamente se mantiene por sí mismo.

El cerebro sirve como el centro del sistema nervioso y el coordinador de toda la actividad corporal, el receptor de toda percepción sensorial. Y el órgano, que aún no ha sido explicado por la ciencia, coordina toda la percepción, el conocimiento y la memoria en nuevos patrones, a los que llamamos pensamiento.

El cerebro es el comandante de todos los movimientos voluntarios del cuerpo y el controlador de todos los movimientos involuntarios realizados a través del subconsciente, como la respiración, los latidos del corazón, la digestión, la circulación de la sangre, la distribución de los nervios y otros similares. El cerebro es el almacén de todo conocimiento, el intérprete de las influencias del entorno y del pensamiento. Es el órgano más poderoso y el menos comprendido del cuerpo.

El cerebro es el lugar de alojamiento de la mente subconsciente, así como de la mente consciente; pero la energía y la inteligencia con las cuales se produce el pensamiento fluyen hacia el cerebro desde el gran almacén universal de la Inteligencia Infinita, sirviendo el cerebro únicamente como distribuidor de esta energía.

Entre sus otras tareas el cerebro opera un departamento de química de primera clase, a través del cual desmenuza y asimila los alimentos ingeridos en el estómago, los licua y los distribuye a través del flujo sanguíneo a cada parte del cuerpo donde se necesitan para el mantenimiento y la reparación de las células individuales. Todo este servicio se realiza automáticamente, pero hay ciertas ayudas sencillas que el individuo puede dar al cerebro para mantener una buena salud física. Mencionaré algunas de estas ayudas.

Actitud mental y salud física

En primer lugar, la actitud mental. Puesto que el cerebro es el jefe indiscutible de todo el cuerpo físico, debemos reconocer desde el principio que una buena salud física exige una actitud mental positiva. La buena salud empieza con una conciencia de buena salud, igual que el éxito financiero empieza con una conciencia de prosperidad.

. . . .

La buena salud física comienza con una conciencia de buena salud.

. . . .

Y que conste aquí que jamás se logra el éxito financiero sin una conciencia de prosperidad, ni se disfruta de buena salud física sin una conciencia de salud. Reflexiona detenidamente sobre esta afirmación, pues transmite una verdad de primordial beneficio para el mantenimiento de buena salud física.

Para mantener una conciencia de salud, tenemos que pensar en términos de buena salud, no en términos de enfermedad y malestares. Debemos hacer hincapié en que todo aquello en lo que la mente se ocupa, la mente lo trae a la existencia, ya sea el éxito financiero o la salud física.

Émile Coué, un psicólogo francés, dio al mundo, en una frase, una fórmula muy sencilla pero práctica para el mantenimiento de una conciencia de salud: "Día tras día, en todos los sentidos, cada vez estoy mejor". Recomendaba repetir esta frase miles de veces al día hasta que la mente subconsciente la captara, la aceptara y empezara a llevarla a su conclusión lógica en forma de buena salud. Acéptala de buena fe, ponla a trabajar en serio, cree que los resultados serán maravillosos e inicia la travesía hacia el desarrollo de una conciencia de buena salud.

A continuación se exponen las razones por las que una actitud mental positiva es esencial para el mantenimiento de una buena salud:

- Toda la energía del pensamiento, ya sea positiva o negativa, es llevada a cada célula del cuerpo y allí depositada como una energía sobre la que operan las células.

- La energía del pensamiento es transportada a las células del cuerpo a través del sistema nervioso y de la corriente sanguínea, pues es un hecho conocido que el cuerpo mezcla la energía del pensamiento con cada alimento particular que se asimila y se prepara para circular por la corriente sanguínea.

- Es un hecho bien conocido que cualquier forma de preocupación, temor, ira, celos u odio que podamos experimentar mientras comemos causa que permanezcan los alimentos en el estómago, sin llegar a asimilarse, y el resultado es la indigestión.

- Para mantener una actitud mental positiva apta para el desarrollo y mantenimiento de una conciencia de buena salud, la mente debe mantenerse libre de pensamientos e influencias negativas mediante la disciplina y los hábitos establecidos. No debe haber quejas ni reproches que afecten a los órganos digestivos. No debe haber odio sostenido ni odio que atraiga represalias y perturbe la digestión.

- No debe haber temor, que indica fricción en las relaciones humanas y falta de armonía y comprensión en nuestra mente y desalienta la digestión.

- No debe hablarse de enfermedades ni de malestares, pues ello conduce al desarrollo de la peor de todas las enfermedades, una enfermedad conocida como hipocondría, enfermedades imaginarias.

Hábitos alimenticios saludables

El tema de los hábitos merece un libro entero, pero como hay muchos libros bien escritos sobre el tema, me limitaré a unas cuantas recomendaciones sencillas, que están en la "lista de imprescindibles" para todos los que quieran gozar de buena salud.

No comas en exceso. Comer en exceso sobrecarga el corazón, el hígado, los riñones y el aparato digestivo. Una forma sencilla de observar esta advertencia es el hábito de levantarse de la mesa antes de estar completamente satisfecho. El hábito será un poco difícil de adquirir, pero una vez desarrollado, te reportará grandes dividendos consistentes en muchos beneficios, entre ellos un gran ahorro en facturas médicas.

Comer en exceso es una forma de intemperancia que puede ser, y a menudo lo es, tan perjudicial como la intemperancia en el consumo de bebidas alcohólicas o de narcóticos. Tenemos que comer una ración equilibrada que consiste al menos en una proporción justa de frutas y verduras que contienen muchos elementos minerales vitales, que la naturaleza requiere en la constitución y el mantenimiento del cuerpo físico. Si comemos adecuadamente y pensamos correctamente, estaremos haciendo mucho para mantener alejado al médico.

Pensar con una actitud mental positiva es tu responsabilidad individual. Nadie puede hacerlo por ti, pero cuando se trata de comer correctamente, hay muchas fuentes donde puedes lograr una ayuda fiable. Además, hay muchos libros excelentes sobre el mantenimiento de la buena salud mediante una alimentación adecuada. Los especialistas en el mantenimiento de la buena salud han producido suplementos alimenticios y vitaminas que aportan todo lo que la naturaleza necesita para mantenernos sanos. De hecho, la industria de las vitaminas se ha convertido en una gran empresa y está ayudando a millones de personas a vivir más y mejor.

No pretendas ser tu propio médico; consulta a un especialista en suplementos alimenticios y logra consejos fiables sobre cómo mantenerte sano comiendo correctamente y asegurándote de que tu alimentación se suplementa con el tipo correcto de vitaminas.

. . . .

Come bien, piensa bien y siempre te sentirás bien

. . . .

Come bien, piensa bien y siempre te sentirás bien. Podrás mirar al futuro con esperanzas más brillantes. Gozarás de una fe duradera que te proporcionará mayor éxito en tus negocios o en tus deberes profesionales. Tu vida hogareña será feliz para ti y para tu familia. Estarás libre de temores y preocupaciones y disfrutarás de un poder en tu mente que puede hacer frente a cualquier problema que se te presente. Harás amigos como nunca antes los habías hecho.

Y por último, pero no por ello menos importante, cuando comas y pienses correctamente, reconocerás una relación más estrecha con tu Creador, cuyo propósito es que estés sano y disfrutes de todos los poderes de tu propia mente. Coordinar las funciones de la mente y el cuerpo es un bloque en los fundamentos del éxito. Coordinar nuestras acciones con otros es igualmente importante si queremos ser personas felices que logran mucho.

CAPÍTULO 16

COOPERACIÓN Y TRABAJO EN EQUIPO

Cooperación *y trabajo en equipo* es el décimo sexto principio de la Ciencia del Logro Personal. La Cooperación es un beneficio sin precio. Para conseguirla, la tienes que dar. Lo mismo ocurre con el trabajo en equipo.

En el camino que conduce al Valle Feliz se encuentran muchos compañeros de viaje. Necesitarás su cooperación, y ellos necesitarán la tuya. Recuerda también que las próximas generaciones que seguirán a la tuya dependerán en gran medida de la clase de herencia que les dejemos los de esta generación. La cooperación que entablemos hoy puede hacer que este país sea más habitable para nuestros hijos y para los hijos de las otras personas, quienes tienen derecho a esperar algo prometido que no sea una montaña de deuda pública.

Para la generación actual y las generaciones aún no nacidas que algún día seguirán nuestros pasos, debemos convertirnos en constructores de puentes con el espíritu expresado por el poeta Will Allen Dromgoole, que escribió:

Un anciano que iba por una carretera solitaria
Llegó, al atardecer, frío y gris,

A un abismo vasto, profundo y ancho.
Por el que fluía una marea sombría.

El anciano cruzó en la penumbra del crepúsculo,
La corriente sombría no le temía;
Pero al llegar a salvo al otro lado se dio la vuelta
Y construyó un puente para atravesar la marea.

"Anciano", dijo un peregrino cercano,
"Desperdicias tus fuerzas construyendo aquí;
Tu travesía terminará con el fin del día.
Nunca más pasarás por aquí;
Has cruzado el abismo, profundo y ancho,
¿Por qué construir este puente en la marea vespertina?".

El constructor levantó su vieja cabeza gris;
"Buen amigo, por el camino he venido", dijo,
"Hoy me ha seguido
Un joven cuyos pies deben pasar por este camino.
Este abismo que no ha sido nada para mí
Para ese joven de cabellos rubios puede ser un precipicio;
También él debe cruzarlo en la penumbra del crepúsculo;
Buen amigo, ¡estoy construyendo este puente para él!".[4]

Recuerda, tú que te apropias de esta filosofía por los beneficios personales que obtendrás de quienes te la proporcionaron, que les debes algo a quienes te seguirán. Esta nación tiene que seguir adelante. El nivel de vida norteamericano debe mantenerse y elevarse aún más. Nuestro sistema de libre empresa debe preservarse.

Nuestra forma de democracia debe protegerse y a nuestras escuelas e iglesias se les tiene que dar un fundamento firme. Nuestras fuentes de ingresos financieros deben asegurarse en beneficio de los que nos sigan, igual que las han preservado para nosotros los que nos han precedido. Y el milagro de este espíritu de cooperación desinteresada consiste en que proporcionará mayores beneficios a esta generación, además de ayudar a las generaciones venideras. Así, al servir de constructores de puentes para las generaciones venideras, nos estaremos preparando para las cosas mejores de la vida, que solo pueden venir a través de la cooperación amistosa.

. . . .

Prepárate para las mejores cosas de la vida por medio de la cooperación amistosa.

. . . .

Todos estamos unidos en una causa común; e independientemente de cuáles sean los infortunios que puedan sobrevenir a nuestra nación, las cargas caerán pesadamente sobre los hombros de cada uno de nosotros. Podemos aligerar estas cargas adquiriendo y expresando el espíritu de cooperación desinteresada en todas nuestras relaciones. Y parafraseando el sentimiento expresado por Benjamin Franklin: "Debemos mantenernos todos juntos o, con toda seguridad, iremos todos a la horca por separado". Hasta que nos inspiremos con este espíritu más amplio de cooperación, el espíritu que reconoce la unidad de nuestra gente y la hermandad de toda la humanidad, no estaremos en condiciones de beneficiarnos individualmente del principio del esfuerzo cooperativo. La codicia y el egoísmo no forman parte de un espíritu sano.

Los motivos que inspiran la cooperación incluyen el aumento de compensación y promoción. El reconocimiento y la alabanza también impulsan el trabajo en equipo. Andrew Carnegie fomentaba la cooperación basándose en cuatro principios:

- *Primero,* estableció un motivo monetario mediante ascensos y bonificaciones.

- *Segundo,* usó un sistema de preguntas para sustituir las reprimendas ofensivas. Por medio de preguntas cuidadosamente dirigidas, llevaba al empleado a reprenderse a sí mismo.

- *Tercero,* siempre tenía a uno o más hombres capacitándose para su propio puesto, y algunos de ellos lo adquirieron.

- *Cuarto,* nunca tomaba decisiones por sus empleados. Por el contrario, los animaba a tomar sus propias decisiones y a ser responsables.

La cooperación, aun en asuntos pequeños, puede dar lugar a grandes recompensas. Un ejemplo es la historia del hombre que convirtió dos lápices afilados en una fortuna de 12 millones de dólares.

Nuestra historia comienza en un banco de la ciudad de Nueva York, donde el fundador de General Motors, William C. Durant, fue un sábado por la tarde a cobrar un cheque. Llegó unos minutos demasiado tarde. Habían cerrado las puertas, pero él golpeó la puerta hasta que una empleada del banco la abrió y le dijo que, aunque las puertas estaban cerradas, no lo estaban las cámaras acorazadas. Y alegremente cambió el cheque. El joven cajero que abrió la puerta y cambió el cheque era Carol Downes, quien manejó la situación tan agradablemente que atrajo la atención especial del Sr. Durant.

Invitaron al joven Downes a formar parte del personal del Sr. Durant en un puesto menor, con un salario solo ligeramente superior al que había estado percibiendo en el banco. Aceptó el empleo y le dieron un escritorio en la parte trasera de una sala muy grande, donde trabajaban más de una veintena de personas.

Al final del primer día en su nuevo trabajo, sonó un campanazo a las cinco de la tarde, y todos los demás empleados saltaron y corrieron hacia la puerta, luchando cada uno por ser el primero en salir.

Pues bien, el joven Downes se quedó sentado, quizá esperando para no quedar aplastado por el presuroso contingente, hasta que todos los empleados se hubieron ido. Mientras meditaba sentado y se preguntaba por qué todos tenían tanta prisa por marcharse, el Sr. Durant salió de su despacho privado, dando la impresión de que estaba buscando algo.

—¿Puedo serle de ayuda, señor Durant? —preguntó el joven Downes.

—Pues sí, —respondió Durant—. Necesito un lápiz.

Downes sacó dos lápices de su escritorio, se acercó a un sacapuntas que había en la pared y le puso una punta fina a cada uno, luego se los entregó al Sr. Durant.

—Gracias —dijo el señor Durant—. Y se dio la vuelta para volver a su despacho.

—Entonces, —contó Downes—, el Sr. Durant se dio la vuelta y me miró directamente a los ojos durante unos segundos. No dijo ni una palabra, pero algo me transmitió la idea de que aquellos dos lápices habían iniciado una cadena de acontecimientos que merecía la pena observar."

Y continuó: —Decidí entonces que, a partir de ese momento, yo nunca abandonaría mi escritorio hasta que el Sr. Durant abandonara la oficina al final de la jornada de trabajo. Seguí así hasta que el Sr. Durant adquirió la costumbre de llamarme cuando quería que hiciera algo. Y cuanto más hacía por él aparte de mis deberes habituales, más lo comprometía conmigo.

Apenas necesito decirte que esto dista mucho de la política del empleado promedio. Pues bien, el joven Downes fue trasladado de un puesto a otro durante más de un año, probablemente para darle la oportunidad de averiguar dónde encajaba mejor en la empresa para el mejor provecho.

Un día, para su gran sorpresa, le llamaron al despacho del Sr. Durant y le dijeron que lo habían elegido para ir a Nueva Jersey y supervisar la instalación de maquinaria en una nueva planta de montaje de automóviles que la empresa acababa de comprar. Cuando el Sr. Durant le preguntó si creía que podía hacer el trabajo, él respondió: —Bueno, si confía en mí para hacer el trabajo, puede estar seguro de que lo haré, Sr. Durant.

"De acuerdo —dijo Durant—, el trabajo es tuyo. Te llevará aproximadamente un mes. Cuando termine el trabajo, regresa y cuéntame cómo te fue".

Bueno, hizo exactamente lo que cualquier estudiante mío habría hecho en esas circunstancias. Salió y contrató a un ingeniero experimentado para que fuera con él y le ayudara a instalar la maquinaria. Así fue cómo usó el principio de la Mente Maestra.

Tres semanas después, una semana antes de lo que el Sr. Durant pensaba que requeriría el trabajo, Downes se presentó de nuevo en la oficina de Nueva York. El trabajo estaba terminado. Cuando llegó a la oficina, le dijeron que el Sr. Durant deseaba hablar con él inmediatamente. Al entrar en el despacho de Durant, este le dijo: —Pues bien, Downes, perdiste tu empleo mientras estabas fuera.

—¡¿He perdido mi empleo?! —exclamó Downes—. ¿Y por qué causa, si puedo preguntar?

—Bueno, no hablaremos de eso ahora, —dijo Durant—. Ve y limpia tu escritorio. Luego ven a hablar conmigo. Y por cierto, verás el nombre de tu sucesor en la puerta de cristal de ese despacho en la esquina cuando pases.

Pues imagínate la sorpresa del joven Downes cuando miró esa puerta y vio el letrero que decía "Carol Downes, Gerente General". Volvió corriendo al despacho del Sr. Durant y preguntó el significado del letrero.

—Significa exactamente lo que dice, —respondió Durant—. Has pasado la prueba final en esta empresa, y la has superado con éxito. Por lo tanto, ahora eres el gerente general y tu salario inicial es de 50.000 dólares al año.

Pero el salario de Downes era solo una parte de la compensación. Su asociación con el gran industrial lo puso en contacto con una oportunidad tras otra de ganar dinero fuera de su trabajo. Convirtió estas oportunidades en una fortuna de 12 millones de dólares. Downes no era un genio, y tenía una personalidad promedio; pero sí tenía algo que sus compañeros de trabajo no tenían: había completado su capacitación en mi filosofía del logro personal.

No fue un mero accidente que pusiera dos buenas puntas afiladas en esos lápices. No fue un accidente que le diera al Sr. Durant dos lápices cuando solo le había pedido uno. No fue un mero accidente que se le ocurriera contratar a un ingeniero experimentado para que le ayudara a hacer un trabajo que sabía que no podía hacer solo.

. . . .

El éxito no es un accidente—
es el resultado de
hábitos establecidos de
pensamiento y acción.

. . . .

CAPÍTULO 17

LA FUERZA CÓSMICA
DEL HÁBITO

El decimoséptimo principio de la Ciencia del Logro Personal es *la ley de la Fuerza Cósmica del Hábito*. La Fuerza Cósmica del Hábito, o inteligencia universal, es la forma en que el universo se equilibra por medio de patrones establecidos, o hábitos, desde las fuerzas de la naturaleza hasta los patrones de pensamiento individuales. Bajo esta regla, los hábitos de pensamiento positivos atraen contrapartes físicas de la misma naturaleza, y los pensamientos negativos atraen manifestaciones negativas. Basado en el ensayo de Emerson sobre la compensación, este decimoséptimo principio conecta todos los demás principios de la Ciencia del Logro Personal.

· · · · · · · · · · · · · · ·

Los hábitos de pensamiento

atraen contrapartes físicas

de la misma naturaleza.

· · · · · · · · · · · · · · ·

El propósito de todo este libro ha sido diseñado para ayudarte a establecer hábitos que te lleven a la seguridad económica, la salud y la paz mental necesarias para la felicidad. En este capítulo, examinamos brevemente la ley natural establecida que hace que todos los hábitos sean permanentes. Con la aplicación de los principios de esta filosofía, puedes establecer el patrón de cualquier hábito deseado, después de lo cual el hábito es asumido por la Fuerza Cósmica del Hábito, causando que continúe automáticamente.

Uno de los hechos más asombrosos de los cuales dispone la humanidad es que el Creador dio a los humanos el control —absoluto, indiscutible e inmutable—sobre una sola cosa, solo una: *la elección*. Puedes elegir cualquier patrón que desees que guíe tu vida, y puedes cambiar ese patrón tantas veces como quieras. Sería muy desafortunado que no pudiéramos cambiar nuestros hábitos. Si tuvieras que tomar lo que la naturaleza te envía y no pudieras modificarlo y cambiarlo, sería extremadamente desafortunado. De nada serviría una ciencia del logro personal. De hecho, no podría existir tal cosa. Carece de valor a menos que la uses con el propósito de convertir tu vida en una imagen basada en hábitos establecidos voluntariamente.

Hábitos solidificados por la Fuerza Cósmica del Hábito

Veamos ahora algunos de los hábitos establecidos por la Fuerza Cósmica del Hábito. Pues bien, en primer lugar, las estrellas y los planetas, tal como están establecidos en su curso fijo. Es asombroso reconocer que, con la comprensión que tienen los astrónomos de la ley de la astronomía, pueden predecir la relación exacta de determinados planetas y estrellas con cien años de antelación. No podrían hacerlo a menos que existiera un patrón fijo para el funcionamiento del universo, que sabemos que existe.

Los humanos podemos fijar nuestro propio camino; podemos hacer de él lo que queramos. La mayoría de las personas, al no comprender la ley de la Fuerza Cósmica del Hábito —al no tener el beneficio de la guía de esta filosofía—, fijan sus hábitos basándose en ¿qué? La mala salud, la miseria, la infelicidad, el temor, el fracaso, la pobreza y todas las cosas que uno no desea.

Tan seguro como que estás leyendo este libro ahora mismo, los pensamientos predominantes que traes a tu mente día a día forman los hábitos que guían tu vida. Tu mente subconsciente no conoce la diferencia entre un centavo y un millón de dólares. No sabe la diferencia entre el éxito y el fracaso. Y no le importa, porque ya has sido preparado y se te ha dado todo lo que necesitas para controlar tu destino terrenal. No puedes controlar lo que ocurrió antes de que vinieras ni lo que ocurra después de que te vayas de aquí, pero sin lugar a duda tienes el derecho predominante de influir en todo tu destino.

. . . .

Controla tu destino al tener pensamientos definitivos respaldados por planes definitivos.

. . . .

Ahora bien, esa es una realidad asombrosa que reconocer. No controlamos nuestro destino por accidente o por procedimientos casuales. Lo hacemos al tener planes definitivos, que luego repetimos una y otra vez en nuestra mente hasta que los capta nuestra mente subconsciente. Y allí, la mente subconsciente está sin duda bajo la influencia de la Fuerza Cósmica del Hábito. Todo está bajo la ley de la Fuerza Cósmica del Hábito.

Si no comprendes que puedes crear tus propios hábitos y que existe una ley que te ayuda a llevarlos a cabo, no tendrás una buena base sobre la cual crear y usar esta filosofía. Tienes que comprenderla. No te servirá de nada si te limitas a leer esta filosofía y luego dices: "Estoy de acuerdo con ella", pero no haces nada al respecto.

Si empezaras a elaborar un patrón para ti basado en los diecisiete principios, sabes que ese patrón será captado por la ley de la Fuerza Cósmica del Hábito en proporción exacta a la medida de tu entusiasmo por él y tu fe en relación con él.

Junto con el profundo regalo del Creador —el regalo de la elección y el control total sobre la mente—, el Creador ha proporcionado los medios para que recibas el beneficio total de este regalo. Consiste en la ley de la Fuerza Cósmica del Hábito, por el cual cualquier hábito creado por uno mismo será asumido y convertido en fijaciones que funcionan automáticamente.

Condiciones requeridas para usar la Ley de la Fuerza Cósmica del Hábito

Las siguientes son tres condiciones necesarias para usar la ley de la Fuerza Cósmica del Hábito:

1. *Debe haber un propósito y un plan para su cumplimiento trazado por ti.*

    Ese tema se trató en el capítulo 1. La ley de la Fuerza Cósmica del Hábito no te va a beneficiar a menos que le des orientación y dirección, y tú le das orientación y dirección al trazar un plan de lo que quieres lograr, escribiéndolo, sometiéndolo a tu mente subconsciente mediante la repetición continua.

2. *El plan debe programarse correctamente según la natu-*
    raleza y el alcance del propósito.

    Mientras yo estaba en Detroit, un antiguo alumno, o
    admirador mío, me llamó por teléfono. Me dijo: —Sr.
    Hill, estoy muy desilusionado con su filosofía.

    Le contesté: —Sí, dame los detalles.

    —Bueno, —me dijo—conseguí su libro *Piense y Hágase*
    Rico hace unos seis meses. Lo leí dos o tres veces. Tracé
    un plan definitivo como usted dijo. Lo puse sobre papel y
    no funciona. Y estoy perdiendo la confianza en él.

    Le dije: —¿Cuál era el plan? Léemelo.

    Me dijo: —Mi plan era tener un millón de dólares en
    el plazo de un año.

    Le dije: —Sí. ¿Qué pensabas dar por el millón de
    dólares?

    —Bueno —dijo— todo lo que tengo.

    Le dije: —Hermano, no era suficiente.

    No era suficiente. Tenía un concepto totalmente equi-
    vocado de la filosofía. Pensaba que todo lo que tenía que
    hacer era leer la filosofía y luego confiar en que la varita
    del éxito se pondría en su mano. No funciona así.

    ¿Por qué crees que el Creador les dio a los humanos el
    control total sobre una sola cosa, el poder de usar nuestra
    propia mente? ¿No sospechas que el Creador pretendía
    que usáramos esa prerrogativa? Sin duda, no te la dio para
    que la desperdiciaras por ociosidad. No quiso que se atro-
    fiara y muriera por desuso. Quería que usaras tu mente.
    Y como el Creador te dio el control sobre tu mente, ya
    tenía que saber que eso era todo lo que necesitarías. Si
    tomas posesión de tu propia mente y la diriges a fines de
    tu elección, sistemáticamente, según esta filosofía, ¡estás
    destinado a hacer de tu vida exactamente lo que quieres
    que sea!

3. *Tiene que haber una repetición constante del propósito.*
Mis diez guías invisibles, de los cuales hablamos en
el capítulo 2, son recursos vitales con esta condición
necesaria. Al fin y al cabo, no puedo ir día tras día
dedicando todo mi tiempo a decirle a mi mente
subconsciente lo que quiero que haga. El conjunto de
guías invisibles lo hace por mí. Debe haber una repetición
constante del propósito bajo condiciones emocionalizadas
altamente establecidas, como la Fe y el entusiasmo, hasta
que se establezca claramente un patrón del propósito en
tu mente subconsciente.

Y con respecto al tema del entusiasmo, es tan
peligroso tener un entusiasmo excesivo como tener un
entusiasmo insuficiente. Si tuviera que elegir entre los
dos, elegiría el entusiasmo insuficiente. El entusiasmo
puede ser peligroso. En el momento en que entras en
un estado de éxtasis, cualquiera que comprenda las
operaciones de la mente y vea las ventanas y puertas de
tu mente abiertas de par en par, puede entrar en ti ya sea
por razones buenas o malas.

Se me demostró esa situación de forma muy contundente hace muchos años, cuando yo dirigía una Escuela
de Publicidad y Ventas en el Bryant & Stratton College
de Chicago. Mi amigo Elbert Hubbard y su esposa acaba-
ban de ahogarse cuando el barco de pasajeros Lusitania
fue torpedeado durante la Primera Guerra Mundial.
Inmediatamente, sus agentes de relaciones públicas se
dedicaron a promocionar la serie de libros de Hubbard
titulada *Pequeños viajes*. Yo estaba en su lista, por
supuesto, y me enviaron una carta diciendo que esta-
rían encantados de enviarme una fotografía del fallecido
Elbert Hubbard con su autógrafo si la solicitaba. Pues
bien, la mandé pedir.

Al poco rato, dos vendedores muy potentes vinieron a entregar la fotografía autografiada. Uno era un vendedor muy potente. El otro era aprendiz. Cuando dijeron que habían venido a entregar la fotografía, entré en estado de éxtasis. Empecé a venderles Elbert Hubbard con entusiasmo excesivo. Cuando terminé, el entrenador me dijo: "Sr. Hill, sabíamos que no solo quería la fotografía, sino que también querría el juego de *Pequeños viajes* de su amigo. Aquí tiene el pedido".

Le dije: "He estado enseñando a mi gente a no dejarse llevar por demasiado entusiasmo, y aquí caí en mi propia trampa".

En ese momento, el maestro vendedor le dijo al aprendiz: "Vámonos de aquí". En otras palabras, yo estaba arruinando a su aprendiz.

Me había expuesto de más por ser demasiado entusiasta, por hablar demasiado, en vez de escuchar. Hace poco escuché decir a un hombre: "Hay cuatro agujeros en la cabeza por los cuales puedes recibir conocimientos y solo uno por el cual puedes darlos. Y más vale que tengas cuidado acerca de cómo usas ese agujero a través del cual lo das". No es una mala idea para tener en cuenta, ¿verdad?

La mayoría de los vendedores cometen el grave error de intentar ser los únicos que hablan. La mejor manera es hacer preguntas para lograr que el posible cliente empiece a hablar.

En primer lugar, tienes que atender al ego del posible comprador para averiguar cómo está funcionando exactamente su mente. Y si no está funcionando como tú quieres, puedes darle la vuelta al disco y tocar el otro lado. Cambia el ritmo, como hago yo, por ejemplo, cuando doy una conferencia. Si veo una sola mente negativa en un auditorio de mil personas, puedo saber casi dónde está, y cambio mi ritmo inmediatamente.

Y si estoy vendiendo, hago lo mismo. No sirve de nada seguir adelante y aburrir a las personas con una charla cuando sabes muy bien que no la están captando. Solo pierdes el tiempo hasta que sepas que estás en armonía con la persona que te escucha. De todas las realidades complejas, misteriosas y difíciles de comprender de la vida, la mente humana es la primera de la lista. Es tan asombroso cómo funciona y lo que se puede lograr con ella.

Hablando en términos generales, una de las cosas más extrañas que descubrí al analizar a todos los hombres de grandes logros es que había muy, muy poca conexión entre la preparación académica y el éxito. Nunca, en toda mi vida, en todo mi trato con estos hombres sobresalientes, encontré a uno que no hubiera logrado el éxito en una proporción casi exacta en la medida en que había fracasado en algún momento. A menudo —muchas veces— el fracaso, la derrota y la adversidad pueden ser una gran bendición.

Cuando aprendemos a tomar nuestras adversidades, derrotas y circunstancias desagradables y tejerlas en algo útil, entonces nos encontramos en el camino superior hacia el éxito. Créeme, en la misma naturaleza de la vida, el Creador la ha diseñado para que nadie pueda pasar por la vida sin algunas derrotas y sin algunas situaciones desagradables y sin algunos fracasos. Está planeado. Nadie puede eludir los desafíos, pero podemos elegir cómo reaccionar ante ellos.

Y te diré otra cosa: me he dado cuenta de que las personas que más rápidamente sacan el máximo partido de esta filosofía son las que han experimentado muchas derrotas. Reconocen que no tienen todas las respuestas todo el tiempo y que a veces necesitan la ayuda de otros. Esta filosofía no tendría valor alguno para quien no necesita nada, para quien no quiere nada.

Pero si quieres tener verdadero éxito en tu vida, estás en camino de lograrlo con la Ciencia del Logro Personal y los diecisiete principios universales del éxito. Te sugiero que leas este libro con cierta frecuencia. Con cada exposición, encontrarás una nueva percepción o comprensión. ¡Estos destellos de percepción pueden llevarte a la grandeza!

Concluyo este libro con una oración que me ayudó a superar muchos desafíos e incluye un consejo sobre cómo mantenerse enérgico y joven. Me mantengo joven trabajando con amor y con el hábito de celebrar cada cumpleaños restando un año a mi edad en lugar de añadirle uno. Estoy otra vez en los últimos años de mis treinta. Pero quizás lo más importante es que cierro cada día de trabajo con una oración que mantiene eternamente lleno mi almacén de bendiciones.

Oh Inteligencia Infinita, no te pido más riquezas,

sino más sabiduría con la cual usar mejor las

bendiciones con las cuales fui dotado al nacer por

medio del privilegio de abrazar mi propia mente y

dirigirla para tomar mis propias decisiones sabias.

Amén.

NOTAS

1. Matthew McCreary, "How Andrew Carnegie Went from $1.20 a Week to $309 Billion…Then Gave it All Away," *Entrepreneur,* August 14, 2018; https://www.entrepreneur .com/article/317827; leído el 14 de febrero, 2022.

2. ESB son las siglas en inglés para "creencias extrasensibles," o cuando uno tiene una corazonada de que algo es cierto. Es diferente a percepción extrasensorial que es, de hecho, comunicación telepática.

3. Dr. Alexis Carrel, "Prayer Is Power," en *Reader's Digest: An Anthology* (Chappaqua, NY: The Reader's Digest Association, 1941).

4. Will Allen Dromgoogle, "The Bridge Builder," Poetry Foundation, Poetry Foundation, 2022, https://www.poetry foundation.org/poems/52702/the-bridge-builder.

ACERCA DEL AUTOR

NAPOLEON HILL (1883–1970)

*"Recuerda que se puede medir tu riqueza no
por lo que tienes sino por quién eres".*

En 1908, durante una época especialmente desfavorable para la
economía estadounidense y sin dinero ni trabajo, Napoleon Hill
aceptó un trabajo para escribir historias de éxito acerca de hombres famosos. Aunque no le daría muchos ingresos, le ofreció
la oportunidad de conocer y perfilar a los gigantes de la industria y los negocios, el primero de los cuales fue el creador de la
industria del acero de Norteamérica, el multimillonario Andrew
Carnegie, que se convirtió en el mentor de Hill.

Carnegie quedó tan impresionado por la mente perceptiva de Hill que, después de su entrevista de tres horas, le invitó a pasar el fin de semana en su residencia para que pudieran continuar la conversación. Durante los dos días siguientes, Carnegie le dijo a Hill que creía que cualquier persona podía alcanzar la grandeza si comprendía la filosofía del éxito y los pasos necesarios para lograrla. "Es una lástima", dijo, "que cada nueva generación tenga que encontrar el camino del éxito por ensayo y error, cuando los principios en realidad están bien definidos".

Carnegie prosiguió a explicar su teoría de que este conocimiento podía adquirirse entrevistando a quienes habían logrado la grandeza y recopilando después la información y la investigación en un conjunto exhaustivo de principios. Creía que llevaría al menos veinte años y que el resultado sería "la primera filosofía del mundo sobre el logro individual". Ofreció a Hill el desafío sin más compensación que la de que Carnegie haría las presentaciones necesarias y se haría cargo de los gastos de viaje.

Hill tardó veintinueve segundos en aceptar la propuesta de Carnegie. Carnegie le dijo después que si hubiera tardado más de sesenta segundos en tomar la decisión, le habría retirado la oferta, porque "no se puede confiar en que un hombre que no puede tomar una decisión rápidamente, una vez que dispone de todos los datos necesarios, lleve a cabo la decisión que tome".

Gracias a la dedicación inclaudicable de Napoleon Hill, escribió su libro *Piense y hágase rico*, del que se han vendido más de ochenta millones de ejemplares. Sus otros escritos y presentaciones también se han usado para atraer la buena fortuna a millones de personas a lo largo de los años.

sound
wisdom.®

Porque tu éxito importa